AUTHOR INTRODUCTION

刘承元博士

　　3A咨询集团董事长、知一行九精益老师、清华大学外聘教授、"精益造物育人"机制理论创始人、精益案例库与精益学堂首席专家，《世界经理人》《企业管理》和《企业家》杂志封面人物。

　　1978—1982年，获哈尔滨工业大学工学学士学位。1983—1989年，国家公派留学日本，获大阪大学工学硕士、博士学位。1991—2000年，在世界500强企业理光深圳公司、上海公司任高管。2000年和伙伴一起创办了3A公司。

　　由于在管理专业领域的突出贡献，分别于2014年、2015年和2023年荣登《世界经理人》《企业管理》和《企业家》杂志封面；2018年8月，和海尔、美的等企业，以及董明珠等个人，同获颁中国管理科学学会管理科学促进奖；2020年获邀出版哈尔滨工业大学百年校庆杰出校友献礼图书《管理赢家》，收获了极大的荣誉……

作者简介

在理光的职业经验

在理光工作期间，刘承元把日本优秀的管理方法与中国的国情相结合，通过持续有效地推进方针目标管理活动、TPM 和精益管理活动，创造了一个环境整洁优美、员工积极向上、管理高效严谨、文化温馨明快、受人尊敬的外商投资企业。这家年产值近百亿元的外资企业成了理光在全球最大的设计和生产基地，其高效的精细化管理和卓越创新文化更是远近闻名、有口皆碑，成为国内外企业争相效仿的标杆。

作为中方最高负责人，刘承元一直是理光在日本以外地区推进本土化经营的典范。理光在中国的成功离不开他所做的四件事：一是融合中日文化；二是持续推进精益管理变革活动，促进员工广泛参与；三是培养优秀管理团队；四是建设企业创新文化。在理光成功的职业经历为他经营 3A 这样优秀的咨询顾问公司打下了坚实的基础。

丰富经验成就"管理赢家"

刘承元在世界 500 强企业里历练 10 载，又在顾问实践中追求多年，积累了丰富的经营管理和精益咨询经验，被媒体和业界誉为"管理赢家"。自创办 3A 以来，刘承元博士带领专家顾问团队为一大批制造企业提供了务实有效的培训和咨询服务，成果累累，口碑卓著。

刘承元博士是一位有使命感、有情怀的资深管理专家。他一心传播创新经营和精益管理思想，矢志帮助中国企业全面提升经营管理水平。他指出，与知识相比，智慧更重要；与制度相比，机制更可靠；管理和监督重要，自主管理更重要；关注节流降本，更要关注开源增效；关注变动成本，更要关注固定成本；关注资源价格，更要关注资源效率；与短期的绩效相比，员工成长更重要；企业要贯彻"精益即经营"的思想，持续追求"激活组织、造物育人和缔造利润"三大价值。

他倾力奉献的"3A 精益系列丛书"包括《精益思维》《精益改善》《造物育人》《缔造利润》，该丛书是中国人原创精益思想体系和成功实践的集大成，值得所有管理者反复阅读。

造物育人

打造生生不息的持续发展力

刘承元 著

企业管理出版社
ENTERPRISE MANAGEMENT PUBLISHING HOUSE

图书在版编目（CIP）数据

造物育人：打造生生不息的持续发展力 / 刘承元著. -- 北京：企业管理出版社，2024.2

（3A精益系列丛书）

ISBN 978-7-5164-2921-1

Ⅰ.①造… Ⅱ.①刘… Ⅲ.①企业文化—研究—中国 Ⅳ.① F279.23

中国国家版本馆 CIP 数据核字（2023）第 179705 号

书　　名：	造物育人——打造生生不息的持续发展力	
书　　号：	ISBN 978-7-5164-2921-1	
作　　者：	刘承元	
策　　划：	朱新月	
责任编辑：	解智龙　刘畅	
出版发行：	企业管理出版社	
经　　销：	新华书店	
地　　址：	北京市海淀区紫竹院南路 17 号	邮　编：100048
网　　址：	www.emph.cn	电子信箱：zbz159@vip.sina.com
电　　话：	编辑部（010）68487630	发行部（010）68701816
印　　刷：	天津市海天舜日印刷有限公司	
版　　次：	2024 年 2 月第 1 版	
印　　次：	2024 年 2 月第 1 次印刷	
开　　本：	710mm×1000mm　1/16	
印　　张：	15.5 印张	
字　　数：	174 千字	
定　　价：	68.00 元	

版权所有　翻印必究　·　印装有误　负责调换

导 读
INTRODUCTION

2018年6月30日，刘承元博士以"精益造物育人"机制理论体系（又称自主创新经营理论）及其成功实践，荣获中国管理科学学会第六届"管理科学奖"。

"精益造物育人"机制理论体系，是刘承元博士借鉴丰田、三星和理光等优秀企业成功管理经验的基础上，结合中国企业管理实际，精心独创出来的架构。它是中国人自己的原创管理机制理论与管理思想，在多年辅导企业创新经营和精益管理实践中被广泛运用，硕果累累，有口皆碑。

"精益造物育人"机制理论的价值贡献至少有以下三个方面。

第一，结构化且清晰地表达了企业经营过程中"造物"和"育人"之间的强关系。

第二，能够促进企业高、中、基层管理者和员工的广泛参与。

第三，能够全面提升团队能力。

本书上篇将聚焦领导力心法、精益管理哲学思想及造物育人七大机制进行阐述。

做企业，靠唯利是图、有钱就赚的生意人逻辑，终究是走不远的。企业要想做到基业长青，需要造物育人。育人，既需要管理者自律律人，用心发挥精益领导力；又需要身体力行，积极实践精益管理哲学；还需要积极推动，持续运营精益育人机制。

首先，自律律人，积极发挥精益领导力。

世界上最好的领导力，就是自律律人。打铁还需自身硬，管理者要想发挥精益领导力，就需要认真领会，并积极实践精益领导力心法。

其次，身体力行，用心实践精益管理哲学。

企业要想基业长青，就得拥有深邃的哲学思想，弃小利存大义，并愿意付出不亚于任何人的努力。

最后，积极推动，持续运营精益育人机制。

为了保障造物育人思想的有效落地，我们开发出了员工素养提升、员工成长、氛围营造、现场上台阶、员工微创新、绩效大课题和利润经营七大育人机制。这七大育人机制与企业造物系统相互作用，动态生发，不仅能够促进员工快速成长，而且可以获得丰厚的经营和管理效益。

本文的下篇聚焦造物系统进行阐述。所谓造物系统，就是负责研发、生产、销售产品，并提供相关服务的系统、流程和方法的总称。从部门职能分类来说，企业造物系统通常包括研发、生产、销售三个直接部门，以及计划、采购、人资、行政、财务等间接部门。

不同的企业，造物系统的能力水平是有差异的。为了更好地理解造物系统的优劣，我建议使用造物系统质量来进行表达。

传统意义上的质量（Quality），主要是指产品、服务方面的质量。而在评价造物系统的时候，质量的含义除了产品、技术方面的质量之外，还包括产品研发、生产活动、营销管理、质量管理、员工培养、客户服务及与之有关的所有活动的质量。因此,优秀的人才、一流的产品、先进的技术、高效的方法及令人满意的客户服务等都属于质量的范畴。

不管企业的规模如何,行业各异,造物系统的质量都可以归纳为以下五个板块的内容。

① 企业经营成果。

② 客户和市场的理解和应对。

③ 核心能力建设与管理效能提升。

④ 员工满意与学习环境建设。

⑤ 信息共享与透明经营。

认识了造物系统质量的内涵之后,就可以找到经营改善努力的方向。当然,提升造物系统质量,不能期望一蹴而就,管理者要下决心,以持续运营七大"育人机制"为抓手,带领全体员工持续修炼,不断改善。

序 言
PREFACE

开创精益管理中国学派

一、发布"精益造物育人"机制理论体系

发布"精益造物育人"机制理论体系，是2012年的事情，我特别感恩一个人，她就是当时《世界经理人》杂志的总编辑赵女士。

我和赵总编是在圣奥集团成立20周年庆典上认识的。那天，我们分别被邀请作为嘉宾来到了庆典现场。在宏大的会场上，赵总编看到我上台致辞、领奖，圣奥老总和团队对我非常信任，作为杂志总编辑，赵总编见多识广，见过不少咨询顾问公司老总，也了解绝大多数企业对咨询顾问公司的评价。她疑惑的是，我是如何得到客户如此高规格信任的呢？

带着疑问和好奇，赵总编在晚餐会上找到了我，并约定她回到深圳后，与我做一次深度访谈。如约而至的访谈结束之后，赵总编迫不及待地要把我领衔构建的理论体系进行发布。在2012年11月的《世界经理人》杂志上刊登了我的"精益造物育人"机制理论，同时还配发了采访文章《我的精益中国梦》。

除此之外,赵总编还邀请我做《世界经理人》杂志的专栏作家,定期在《世界经理人》杂志及其网站上发布管理论文。我十分感激赵总编的知遇之恩,在接下来的多年里,我一直坚持在《世界经理人》杂志和网站上发表文章。因为我的文章源于实践,高于实践,而且实战性、原创性和思想性兼具,吸引了众多粉丝,成了明星专栏作家。

赵总编力推的"精益造物育人"机制理论体系,自推出之后,受到了广泛关注,而且在实践中得到了很好的验证。实践是检验真理的唯一标准,从这个意义上讲,它是属于中国人自己的原创理论体系。

2018年6月30日,我因"精益造物育人"机制理论体系及其成功实践,和董明珠以及格力、海尔等企业一起,荣获中国管理科学学会第六届"管理科学奖"。中央电视台、搜狐网、新浪网等媒体给予了报道。

"管理科学奖"用以奖励对中国管理科学理论创新、管理实践及管理科学推广普及工作中做出突出成绩的个人和机构。我能获此殊荣是对"造物育人"理论体系在国内千余家企业成功实践的认可,也是对该理论体系的肯定。

二、"精益造物育人"机制理论体系的演进

我的"精益造物育人"机制理论体系,并不是某一天的突发奇想,也不是照搬丰田、理光等模式得来的。这个体系的雏型在1997年左右提出,后来在实践、总结、提炼、再实践的循环中逐步得到充实和完善。

从1995年年初开始,我从饭田先生的沼津公司学习回来,便主动请缨要在深圳公司推行精益管理,未想到立神先生欣然同意。但他有一个十分中肯的建议,考虑到日方管理者对变革缺乏信心,干

序言

脆由我组建精益推进办公室，立神先生和饭田先生任顾问，其他日方人员一律不参与。立神先生承诺，如果日方人员有任何阻碍，都由他出面化解……后来的推进工作证明，这是一个很英明的决策，省去了大量中间环节，提升了推进效率。

另一方面，在具体推进活动中，由于饭田先生是导师，所以参照沼津公司做法成了第一选择。我也以沼津公司为样板构建了推进组织，设立了一个委员会、一个推进办公室，然后下设八个分科会，分科会负责人由各相关部门领导兼任。八个分科会分别是初期管理、质量改善、员工提案、个别改善、人才培养、自主保全、专业保全和环境改善。经过一段时间的实施，我发现有问题，看上去组织健全，却雷声大雨点小，绝大多数分科会不知道做什么、怎么做，当然也有人根本就不想做。就这样持续了半年多，我知道这样下去肯定不行，如果不能快速取得成效，估计包括立神先生在内的周围人都会失去信心。怎么办？

如何才能打开局面呢？经过深思熟虑后，我决定在沼津公司做法的基础上进行简化和优化，把八个分科会精简为三个，简化、优化的目的是把分散的力量集中起来，以便快速出成果。于是，我找到饭田先生商量，他表示同意。精简后的三个分科会是员工提案、课题改善和自主管理。实践证明，这样的决策很有效，很快就凝聚了一批骨干分子，成了积极改善的先锋和标杆。几个月内，在现场改善和员工提案方面就涌现出了不少好案例，立神先生特别欣慰，因为现场和员工的改变，使得他对精益管理越来越有信心，这是一个很好的开端。

1997年，为了精益管理可持续开展，我开始思考系统化推进的问题，并尝试构建一个理光深圳模式。这就是"精益造物育人"机制理论体系的雏型。它包括三个层次的内容：一是提出了"3W"目标，即完好整洁的设备、温馨明快的工厂、文明进取的员工；二是推进三大活动，即员工提案、自主保全和课题改善；三是精益基础5S。之后，配备三人，分别主导三大改善活动。

我创办咨询公司后，于2002年决定以专著的形式推广适合中国企业的精益管理模式。我出版的第一本书是《新TPM活动》。后来，我进一步地将精益管理定义为"工厂全面改善"，所谓全面改善是指"全员、全部门和全流程"的意思。在书中，我指出了日本有关专著中的问题，八个分科会的分类办法不科学，而且形式和对象混淆了。其中，员工提案、个别改善和自主保全三个支柱是形式，而初期管理、质量改善、人才培养、专业保全和环境改善五个方面是对象或内容，混在一起统称为八大支柱是不对的。所以我建议，员工提案是活动形式，维持不变；自主保全是活动形式，升级为自主管理；个别改善是活动形式，升级为课题改善。而公司内的所有改善对象或内容，都可以根据问题规模的大小，融入三个活动形式当中去。如此改良，让推进工作更系统，更简单，更科学，更高效。

经过多年的实践、总结和提炼，我和我的团队不断充实这一模式的系统、思想和方法。我一直在思考什么是精益管理基础，如何打造这个基础？思考的结论有三个重要方面：第一个是员工素养训练机制；第二个是员工成长机制；第三个是氛围营造机制。企业经营需要顶层设计，企业领导需要有一个经营抓手，最后我定义了一个"利润经营机制"。

2012年，赵总编希望我把精益管理模式发布出来的时候，就已经形成了由七大育人机制和造物系统相互支撑的精益管理理论体系。这个理论体系到底叫什么？我和赵总编研究了很久，如叫自主创新经营理论、全员自主改善理论等，但总是不太满意，最终还是以"自主创新经营理论"的名字进行了发布。后来有朋友建议，还不如更直白一点，就叫"精益造物育人"机制理论，这样更好理解。

多年来，我和我的团队在实践中不断总结、提炼、丰富和完善这一机制理论体系的内涵，使其更加系统与完善。

三、中国企业管理升级，终于有了育人机制这个抓手

"精益造物育人"机制理论体系，是我借鉴丰田、三星和理光等优秀企业成功管理经验基础上，结合中国企业管理实际，精心独创出来的架构。它属于中国人自己的原创管理机制理论与管理思想，在多年辅导企业创新经营和精益管理实践中被广泛运用，硕果累累，有口皆碑。

"精益造物育人"机制理论如下图所示，由造物系统（深色部分）和育人机制（浅色部分）两个部分组成，其价值贡献至少有以下三个方面。

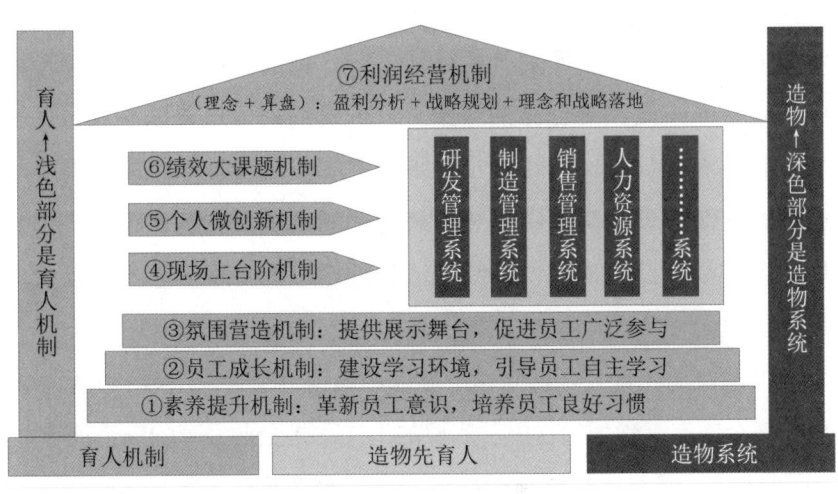

```
                    ⑦利润经营机制
              （理念+算盘）：盈利分析+战略规划+理念和战略落地

   育        ⑥绩效大课题机制        研  制  销  人        造
   人                              发  造  售  力        物
   ↑        ⑤个人微创新机制        管  管  管  资  …     ↑
   浅                              理  理  理  源   系    深
   色        ④现场上台阶机制        系  系  系  系   统    色
   部                              统  统  统  统         部
   分        ③氛围营造机制：提供展示舞台，促进员工广泛参与        分
   是                                                        是
   育        ②员工成长机制：建设学习环境，引导员工自主学习        造
   人                                                        物
   机        ①素养提升机制：革新员工意识，培养员工良好习惯        系
   制                                                        统

        育人机制            造物先育人            造物系统
```

"精益造物育人"机制理论

第一，它结构化且清晰地表达了企业经营过程中"造物"和"育人"之间的强关系。图中深色部分所示的是企业既有的"职能任务模块"，负责向客户提供产品或服务，是造物系统；而浅色部分是现有绝大多数企业尚缺的内容，是负责推动"职能任务模块"提升的"管理创新模块"，是育人机制。如果没有浅色部分做支撑，深色部分不可能自主提高，就好像没有支点和抓手，人不能拔着自己的头发离开地球一样！

在许多企业里，领导兢兢业业多年，都未能培养出一支优秀的员工队伍，经营和管理提升缓慢，问题就出在育人机制缺失上。弄清楚这个道理后，企业领导就应虚心学习，在企业内逐步建设并持续运营育人机制。只有团队能力提升了，造物系统才会随之提升。

第二，它能够促进企业高、中、基层管理者和员工的广泛参与。企业要想提升经营管理水平，光有领导的战略和意志是远远不够的，还必须把其转化为全体员工的创新行动。育人机制就是促进管理者和员工参与创新的最好办法，有了全员参与，经营业绩提升才有保障。

第三，它能够全面提升团队能力。"精益造物育人"机制理论中的造物系统是改善创新的对象，育人机制是促进管理者和员工参与改善创新的抓手。我建议企业管理者和员工要在事中磨炼意志和技能，在改善创新实践中提升发现问题和解决问题的意识和能力。所以，"精益造物育人"机制理论的提出，具有现实意义和巨大的社会价值。

"精益造物育人"机制理论就像一座结构稳定的房屋，房屋中的各个部分都有其独到的作用。底部的①②③是企业经营的三个基础。

① 员工素养提升机制：在我看来，管理基础差首先表现为员工没有良好的生活和工作习惯。企业可以通过持续开展5S（整

理、整顿、清扫、清洁、素养)等管理活动来不断革新员工意识，培养员工的良好习惯。

② 员工成长机制：管理基础差还体现在员工技能和能力提升慢。企业可以通过导入技能奖励政策、规划员工成长晋级通道等措施来建设软、硬学习环境，引导和激发员工自主学习的意愿。

③ 氛围营造机制：管理基础差又体现于员工缺乏参与创新和改善的积极性。企业可以通过打造各种形式的舞台，让员工有机会把工作中的精彩和智慧展示出来，能更好地激发员工兴趣，生发员工智慧。

在"精益造物育人"机制理论中，这三大管理基础是优秀企业文化的重要组成部分，是企业领导影响人和凝聚人的重要工作。

中部的④⑤⑥似房屋三条横梁，是企业进行"绩效改善"的三个重要机制。

④ 现场上台阶机制：它是打造卓越现场能力的一项改善活动机制。每一个台阶都有对应的改善目标和内容。只要持续推进这项活动，就可以及时消除现场缺陷，纠正错误，提高效率，并提升班组解决问题的意识和能力。

⑤ 员工微创新机制：它是促进员工广泛参与的一项改善活动机制。企业以制度化的奖励措施引导所有员工个体主动发现身边的问题，动脑筋想办法解决这些问题。通过开展这项活动，可以培养有积极性（主动付出智慧）的员工。

⑥ 绩效大课题机制：它是全面提升经营业绩的一项改善活动机制。通过把部门或跨部门的精英员工组织起来，旨在解决那些与企业经营绩效紧密相关的重点课题。通过这项活动，不仅能让课题业绩提升，还能让骨干员工快速成长。

顶部的⑦是企业进行"利润或绩效经营"的核心机制。

⑦ 利润经营机制：它是企业高层进行"利润经营和战略管理"的重要抓手，主要包括"理念＋算盘"两项内容。

"理念"是指制定、制订和落实企业经营方针、目标、战略和经营计划的过程。具体内容是，企业高层要负责制定企业经营方针（理念、愿景、价值观等），提出经营目标，研讨经营战略；把每一个经营战略分解为若干个重点课题，制订年度或半年度经营计划；指导部门管理者把课题分解为措施，制订可操作的部门实施计划；每月一次对各部门管理者进行小范围、面对面的绩效经营辅导。

"算盘"是指企业各级管理者进行利润核算管理的过程。企业内要建立健全的部门利润核算体系，具体定义出"利润中心"和"成本中心"及其内部交易和利润核算规则。通过算盘管理，引导各级管理者从利润核算表中发现问题，规划和落实改善活动。

通过上述7个育人机制，与企业既有的造物系统交融生发，形成一个全员改善和持续提升的理论体系。如何形容造物系统和育人机制之间的关系呢？造物系统是"船"，育人机制是"水"，"水"涨才能"船"高。这是我对"精益造物育人"机制理论最经典的解读与诠释。

只要按照该机制理论体系所倡导的理念和方法，持续展开经营活动，不仅可以提升企业硬实力，而且更重要的是，可以获得生生不息的软实力。"精益造物育人"机制理论体系已经在千余家本土企业的成功实践中得到充分验证。有人担心这个理论体系只适用于制造型企业，其实制造型企业的管理是最精细和最科学的，值得任何行业的企业借鉴和学习。

目 录
CONTENTS

上篇 育人机制

Chapter 1 精益领导力心法

一、立志立心，以终为始　　　　　　　　008
二、态度积极，意志坚定　　　　　　　　012
三、相信因果，培养利他之心　　　　　　016
四、学会爱与自爱　　　　　　　　　　　020
五、常怀自省之心　　　　　　　　　　　025
六、倾听与综合　　　　　　　　　　　　029
七、拥抱变化，挑战自我，推动创新　　　033
八、如何发挥精益领导力　　　　　　　　037

Chapter 2 精益经营哲学十条

一、相信精益的力量　　　　　　　　　　042
二、造物先育人　　　　　　　　　　　　046
三、精益以"自働化"和准时化为原则　　050

四、精益崇尚防微杜渐和防患未然　　055
五、答案在现场　　058
六、现场力就是竞争力　　062
七、精益主张全员参与　　064
八、激发问题所有者自主解决问题　　067
九、人造环境，环境育人　　071
十、以"穷人思维"，实现"富人循环"　　076

Chapter 3　七大育人机制

一、战略管理与"利润经营机制"　　084
二、效益提升与"绩效大课题机制"　　089
三、士气激发与"个人微创新机制"　　093
四、体质改善与"现场上台阶机制"　　097
五、文化建设与"氛围营造机制"　　101
六、职业发展与"员工成长机制"　　106
七、员工训练与"素养提升机制"　　111

下篇 造物系统

Chapter 4 企业经营成果

一、社会责任成果　　　　　　　　　　122
二、学习环境建设和人才培养成果　　　124
三、造物系统质量与改善成果　　　　　125
四、事业成果　　　　　　　　　　　　126
五、客户满意和市场评价　　　　　　　127

Chapter 5 客户和市场的理解和应对

一、客户满意与客户价值经营　　　　　130
二、客户满意的意义　　　　　　　　　131
三、真正的客户是谁　　　　　　　　　133
四、如何把握客户的需求　　　　　　　136
五、如何解决客户投诉和问题　　　　　139
六、建立良好的客户关系　　　　　　　141
七、客户满意度的确认和把握　　　　　143
八、超越百分百的客户满意　　　　　　144
九、满足客户的个性化需求　　　　　　146
十、客户满意的新思路、新方法　　　　147

Chapter 6 三大核心能力建设与管理效能提升

一、精益研发能力提升	150
二、精益制造能力提升	158
三、精益营销能力建设	179
四、管理者与间接部门管理效能提升	193

Chapter 7 员工满意与学习环境建设

一、员工幸福与满意度管理	200
二、决定工作质量的因素	204
三、如何对待员工教育、培训和培养	206
四、人才战略的制定与实施	212

Chapter 8 信息共享与透明经营

一、企业透明经营与信息共享	216
二、推动内部或外部标杆学习	221

上 篇

育人机制

企业要想基业长青，育人是关键。领导者要自律律人，发挥精益领导力；领导者还要身体力行，积极实践精益管理哲学；领导者更要推动创新，持续运营精益育人机制。

1. 自律律人，积极发挥精益领导力

在职场，领导者的自律十分重要。身为领导者，其行为必然对团队和下属产生影响，领导其身不正，无法做到自律，下属自然不会服气。领导者只有身体力行，才能在下属面前树立权威，让下属心甘情愿服从管理，紧紧跟随。

世界上最好的领导力，就是自律律人。打铁还需自身硬，管理者要想获得精益领导力，就需要认真领会，并积极践行以下精益领导力心法。

① 立志立心，以终为始。

② 态度积极，意志坚定。

③ 相信因果，培养利他之心。

④ 学会爱与自爱。

⑤ 常怀自省之心。

⑥ 倾听与综合。

⑦ 拥抱变化，挑战自我，推动创新。

2. 身体力行，用心实践精益管理哲学

我曾经写过一篇文章，讲述了通用和丰田之间横跨半个多世纪的"龟兔赛跑"。可以说，通用的发展，基本上就是一部兼并史，外延式扩张，是外求的典型。而丰田却走了一条完全不同的路，它本着"为社会造好车"的信念，内涵式发展，是内求的榜样。

同样，华为和联想两家中国企业也为企业经营提供了两个风格迥异的范本。这两家企业几乎同时起步，联想选择了一条相对简单的生意之路，像极了通用；而华为选择了一条艰难困苦的创新之路，和丰田有异曲同工之妙。为了应对来自外部的挑战，两家企业的领导层越来越表现出对哲学思想领悟和在价值坚守上的巨大差异。

"龟兔赛跑"中赢家和输家之间的根本区别在于，赢家富有哲学思考，并愿意付出超出常人的努力；而输家只有眼前的利益盘算，并希望轻松获得快速发展。企业要想基业长青，就得学习和实践以下十条深邃的经营哲学思想，弃小利存大义，并积极实践。

① 相信精益的力量。

② 造物先育人。

③ 精益以"自働化"和准时化为原则。

④ 精益崇尚防微杜渐和防患未然。

⑤ 答案在现场。

⑥ 现场力就是竞争力。

⑦ 精益主张全员参与。

⑧ 激发问题所有者自主解决问题。

⑨ 人造环境，环境育人。

⑩ 以穷人思维，实现富人循环。

3. 推动创新，持续运营精益育人机制

实践证明，精益不是某一个具体、优秀的结果，而是一个持续追求更高管理境界的过程，只有起点，没有终点。精益也不等于工具或方法，而是团队持续改善的形式和内容的统一。精益管理的精髓是"造物育人"。它是一场基于精益信仰的集体创新、改善修炼，这场修炼以员工成长（心智、意识和能力提升）为导向，以革新既有造物系统、工作方法为目的，并通过采用人性化办法，促进员工广泛参与，实现企业、员工、客户和社会价值共赢。

为了保障造物育人思想的有效落地，我们开发出了员工素养提升、员工成长、氛围营造、现场上台阶、员工微创新、绩效大课题和利润经营七大育人机制。这七大育人机制与企业造物系统相互作用，动态生发，不仅能够促进员工快速成长，而且可以获得丰厚的经营效益和显著的管理成果。

本书上篇将聚焦领导力心法、精益管理哲学思想及造物育人七大机制进行阐述。其中的每一篇文字，都值得仔细阅读，认真领会，并设法在管理实践中学以致用。

精益领导力心法

Chapter 1

一、立志立心，以终为始

立志立心，以终为始。树立崇高的职业理想、信念，并以此作为经营的初心和原点，积极实践，一以贯之。

到底该拥有怎样的成功者思维？

有一则管理寓言故事：父子俩养的一只宠物猪死了，二人十分惋惜。于是，父子俩商量着采用炭火火化的方式和宠物猪告别。可是，烤着烤着，一阵一阵的香味扑鼻而来，令人垂涎。不一会，禁不住食欲诱惑的父亲指示儿子，快点到附近超市买几瓶啤酒来……听上去是一个有点不着调的冷笑话，但其揭示的问题很值得人们深思！

人们常说"不忘初心，牢记使命"，指的就是要始终执着于出发时定下的目标、理想和使命，并以此约束自己的行为，做好当下的事情，不偏离，不抛弃，不放弃。如果做不到这一点，就有可能被"欲望"带偏，误入歧途，甚至南辕北辙，远离目标和理想。

"不忘初心，牢记使命"，也可以解读为"以终为始"。"以终为始"是一种属于成功者的思维方式，就是从期望的最终结果出发，反向分析因果关系，寻找真因，规划并采取相应的策略、措施和实现路径，并最终达成目标或解决问题。以终为始的思维和做法，至少有两个好处：一是确保做正确的事。在采取行动之前，就进行了结果导向的全面分析，以此推导出的行动方案或策略措施应该是相对正确的选择，保障方向正确。二是提高实现目标的效率。由于所要采取的策略措施和实现路径是经过科学规划的，所以在实现目标的过程中可以少走弯路，减少过程中的资源浪费，达到事半功倍的效果。

在企业经营中，以终为始的例子很多，比如制订年度经营计划，就应该采取以终为始的思维和做法。第一步，从利润分析做起，即从开源和节流两个方向进行量化分析，得出年度利润目标值；第二步，从利润目标值出发，推导出年度经营战略方向，并从产品、市场、客户和内部能力改善等维度找出具体实现的策略和措施；第三步，制订年度经营计划，把策略、措施的落地责任授权给责任部门；第四步，对照年初提出的利润目标，不断确认策略、措施的落地和目标达成状况，并进行及时的辅导和跟进。

为了进一步理解以终为始的重要意义，还可以用一个反例来进行说明。比如，某企业领导带领若干部门负责人开会，研讨订单交付延迟的问题。会议中，大家你一言我一语地讨论着，有谈原因的，有讲责任的，还有找理由的，一个多小时过去了，还得不出结论来。企业领导终于压制不住自己的情绪，态度严厉地抱怨说，"我们团队的执行力太差了"……接下来，老板花了半个多小时，就提升团队执行力的问题谈了看法，提了要求。一场本应是解决问题的务实会被开成了"务虚会"，会开完了，但问题却依旧没有解决。

讲完不忘初心、以终为始的重要意义之后，接下来我要讲一讲立志立心的话题。北宋思想家张载，人称横渠先生，为后世留下了许多宝贵的精神遗产，他的"为天地立心，为生民立命，为往圣继绝学，为万世开太平"四句名言经久不衰。意思是说，一个人要活得有价值，就要立志为社会重建精神价值，为民众确立生命意义，继承先圣学统，开创万世太平。用今天的话来说就是，一个人要有为他人、为社会奉献的使命情怀。

那么如何立下人生之志呢？大儒王阳明先生有过专门的论述，他讲道："志不立，天下无可成之事。""凡学之不勤，必其志之尚未笃也。"意思是说，如果不立志，将做不成任何事情；如果做不到持之以恒力耕不辍，肯定是因为立志还不够坚定的缘故。所以，所谓立志，就是要从内心深处找到一生努力的方向。立志先立心，立心就是立志，有了明确的志向，心就有了方向。

立志立心的第一步，就是立下自己的人生目标，只要这个目标不要有违法律法规、道德伦理等社会规范，那就是一个好目标。人生目标可能是某一个具体的职业形象，也可能是一种美好的生存或生命状态。比如，"成为一名科学家"或"成为一名教师"是人生目标的一种。又比如，"一定要成为一个对他人、对社会和对国家有用的人"也是一个很好的人生目标。相比较而言，后者可能更佳，更能把人们引向美好的未来。当然，对一位有使命情怀的企业家来说，还可以根据自己所处行业，立下更高尚的经营志向。比如，我们3A顾问就立下了"传播精益思想，培育优秀企业，助推民族复兴"的理想、使命和目标。如此这般立志立心，不仅可以为企业发展指明方向，还可以凝聚和激发团队力量。

立志立心的第二步是，要对自己的言行提出约束条件，具体决定"做什么，不做什么，要做到什么程度"。一般来说，可以用价值观等来对自己和企业的行为进行规范。比如，3A顾问的价值观是"诚信、务实、创新、共赢"，我们要秉持诚实守信的做人原则，发扬务实肯干的工作作风，肩负不断创新的职业责任，追求共进共赢的事业理想。价值观对个人或团队行为的影响，是一个潜移默化的过程，需要长期的坚持，既不要期望能一朝见效，也不能漠视它的作用。

立志立心的第三步是，向着理想、使命和目标，在价值观的约束下，积极行动，持之以恒，让员工养成良好的习惯，并内化为优秀的企业文化。具体地，可以采用早会诵读的形式，让员工对企业的价值理念牢记于心；对照价值理念要求，全面审视工作流程和方法等，特别是在涉及相关方利益保障方面，要重点进行梳理和优化；及时检视企业领导和员工的行为及行为带来的结果，并及时进行改进。

总之，企业经营和个人经营一样，都是逆水行舟，不进则退。所以立志立心，加强自律，发愤图强，是个人和企业持续进步的重要保证。

二、态度积极，意志坚定

拥有良好心态、正向思维，坚持高效执行、持之以恒。

态度积极和意志坚定对领导者意味着什么？

有一位年长的朋友，从一个世界 500 强的外企退休以后，被一家五六百人的民营企业聘为总经理。到任之后，他发现这家民营企业的产品不错，老板人好，行业口碑也不差，就是管理不太规范，团队比较懒散，与他从前所在的世界 500 强企业之间有巨大差距。

以他的阅历和经验，通常的操作是"新官上任三把火"，既可以拿存在的问题在员工面前立威，也可以快速做出成绩在老板面前立信。但是他知道，要真正改变一个团队并非一日之功，需要循循善诱，循序渐进和长期的坚守。所以，他并没有像许多空降职业经理人那样标新立异、急功近利，而是决定用三年时间，逐步升级和改造团队和文化。首先，他了解到员工对食堂伙食不太满意，而且到食堂较晚的员工只能面对残羹冷炙，他打破常规，每天和工人一起排队就餐，而且总是排在队伍的最后。这样做的好处显而易见，食堂师傅对饭菜越来越上心，员工的抱怨也越来越少，而且一年后管理层专用的餐厅也取消了。其次，他要求助理为他安排每周1次、每次2小时的现场劳动，轮着参加不同班组的工作。他态度认真，一丝不苟，还和员工一起研究工作改善……

这样做，他不仅拉近了和员工的距离，而且还知道员工到底想什么，管理中存在什么样的问题，收获了来自团队的信任。他根据了解到的情况，并通过集思广益等办法，提出并落实了许多改进经营管理工作的策略和措施。后来，他适时决定导入和推进精益管理，在专家顾问带领下，团队很快就参与了进来，而且效果良好。

这家企业之所以能够得以快速改变，顺利推进精益管理活动，与这位长者对人性的认识和把握是分不开的。他态度积极，意志坚定，表现出了超强的变革领导力。

一个人要想拥有影响他人的能力，拥有美好幸福的人生，就必须做到态度积极，意志坚定。同样，要经营好一家企业，带好一个团队，领导者和管理者更应该做到态度积极，意志坚定。

所谓态度积极，主要是指一种积极的心理状态，是一个人对待自身、他人或事物积极、正向、稳定的心理倾向。与态度积极相反的是态度消极。一个人在面对压力和挫折的时候，如果积极态度战胜了消极态度，就能唤起人性优点，使之向善，促进人的进步。如果消极态度战胜了积极态度，就会激发人性弱点，使之为恶，阻碍人的进步。

态度积极的管理者，在个人面对问题、困难、挫折、挑战和责任的时候，总是能够从正面思考，从积极的一面思考，从可能成功的一面思考，并采取积极的行动。态度积极的人既不对自己成功的过去沾沾自喜、骄傲自满，也不对自己失败的过去懊悔不已、背负包袱，而且能够理性总结过去，从失败中反躬自省，汲取教训，积累智慧。态度积极的人对未来会有更加美好的展望，不为不确定的未来顾虑重重，焦虑不堪。态度积极的人最懂得专注于当下的重要意义，并身体力行，力争把当下的事情做到最好。只要能够做到态度积极，专注于当下，就不会留下遗憾，也就无须对过去感到懊悔，对未来感到不安。

  态度积极的管理者总能以爱心对待员工。首先，管理者要学会发现和欣赏员工的优点，理性看待自己的局限和团队的力量，学会尊重团队中的每一个成员。其次，管理者要学会包容员工非故意犯错，以及改善中可能发生的错误。当然，包容员工犯错并不等于放任不管，而是要引导和激发员工主动发现自己的问题，动脑筋想办法解决这些问题。最后，管理者要学会正确看待后进员工或部门，如果能够做到不抛弃、不放弃，用心帮扶后进员工或部门，往往可以起到事半功倍的管理效果。管理者如果看不到员工的优点，看不清自己的局限，没有包容心和爱心，他就不可能成为一个优秀的领导者。

  态度积极的人还能够正确看待管理中存在的各种问题。所谓正确看待问题包括三个层面的内涵：第一个层面是，问题是"宝"，是机会。发现问题，就是找"宝"，找机会。态度积极的人看到问题，最多困惑 3 秒钟，而后就应该为看见改善机会、看见问题解决后的美好结果而高兴。第二个层面是，员工看不到问题，不是员工的错，是管理者缺少平时对员工进行问题意识的培养。所以管理者要从灌输目标（或基准）和激发意愿两个方面出发，逐步培养员工强烈的问题意识。第三个层面是，员工解决问题能力差，也不是员工的错，是管理者缺少平时对员工进行这方面的训练。正确的做法是，引导并激发员工参与到改善活动中来，通过大量解决问题，提升员工解决问题的能力。

综上所述，在导入和推进创新经营和精益管理过程中，领导者态度积极十分重要，是发挥卓越领导力的重要条件。

所谓意志坚定，就是指为实现目标有信念地坚持做好某一件事的一种心理活动，是一种"咬定青山不放松"的坚强韧劲。众所周知的孙敬头悬梁、苏秦锥刺骨、匡衡凿壁借光等历史典故，都是意志坚定的好例子。可见，坚定的意志通常来源于一个人对责任和使命的充分认知，还与其积极的人生态度密不可分。

只有态度积极的人才能拥有坚定意志。要在企业内成功推进创新经营和精益管理，企业领导就必须做到态度积极，意志坚定。只有这样，才能够带领团队克服惰性，打破框架约束，不断改善，持续追求冠军水平。

三、相信因果，培养利他之心

因果律是自然法则和宇宙规律，利他是因，利己是果。所以一定要相信，利他之后才能利己，逐步培养利他之心。

老子说，"上善若水，水善利万物而不争"。老子之所以推崇水，很重要一个原因就是水有利他精神。儒家说，仁者无敌，利他的人是"无敌"的。事实正是如此，只有始终坚持利他的人，才会有精神上的大解放，思想上的大智慧，事业上的大格局。反之，如果一个人总是被利己和私欲所蒙蔽，看问题、做事情就会心胸狭窄，失道寡助。

利己是人的本性，利己则生；利他也是人性的一部分，利他则久。没有利他，人生和事业就会失去自利的源头，并最终导致失败，走向终结。利他和利己看似矛盾，实则是同一个事物的两个方面，完全可以做到辩证统一。

众所周知，因果律是自然法则，有因必有果，相信因果就是相信科学，相信规律。

同样，利他和利己也是一对因果。利他是因，利己是果，从利他的角度出发思考和行动，你就能得到利己的回报。当然，并不是每一次的利他，都能够得到对应的利己回报，所以绝不能斤斤计较于每一次付出的得失与回报。这就像种地一样，尽管说种瓜得瓜、种豆得豆，但也不能保证每一次的播种都会得到与付出相称的回报。但是可以肯定的是，没有播种，就肯定没有收获。

如此浅显的道理，为什么还有许多人听不懂、看不清、做不到呢？原因之一是，利他和利己之间的因果关系看不见摸不着，所以人们特别担心，会不会利他之后并不能获得利己的结果。原因之二是，在这个纷繁复杂的世界里，有时候会有现实背离因果律的情况发生，比如有人占尽便宜不劳而获，让人对因果律产生怀疑，以致于有人对因果律失去敬畏，投机取巧，坑蒙拐骗，损人利己。

利他之心，讲的是人的起心动念，是一个人基于崇高价值理念的一种心理活动，是人区别于其他动物的伟大精神力量，是一种追求美好人生的崇高信念。在这种信念的支撑下，人们可以通过采取利他行动，实现个人价值和企业价值的最大化。

利他之心，是美好人生的催化剂。利他，让你心生愉悦。亏欠他人，会让人产生一种很不好的负面情绪。与这种负面情绪相反的是奉献和利他的正面情绪，这种情绪能够让人心生安宁和愉悦，有利于人的身心健康。利他，让你眼见光明。多运用利他思维，你思考事情的时候就会看得比别人更远，看待问题的时候会看得比别人更深。利他，让你心胸宽广。因为利他，人们得以摆脱自私自利的束缚，让人拥有心底无私天地宽的开阔感，心胸变得宽广起来。利他，让你激情燃烧。每一个人都拥有美好的人性光辉，具有利他精神的人会生发出为他人活着的使命感，从而焕发出熊熊燃烧的激情。利他，让你智慧绽放。利他符合宇宙意志，因而能够给人们向善的力量，帮助人们打开智慧的宝库。

利他之心，是企业经营的助推器。经营者不能只顾自己个人的私利，必须考虑员工、客户、交易对象、企业所在社区等，必须与企业相关的一切利害关系者和谐相处。从经营企业的层面思考利他的时候，同样可以拨云见日，一片光明。对客户的利他，就是要想客户所想，设计、生产和销售客户喜爱的产品，提供令客户满意的服务。对员工的利他，就是要为员工提供良好的工作和生活条件，让他们心情舒畅地工作和劳动，以便创造或提供更好的产品和服务。对伙伴的利他，就是要平等对待，用双赢思维经营与对方的关系。而不是以甲方自居，处处为难对方，无节制地克扣对方。违背利他精神的行为到头来害人害己，值得深刻反思。利他精神和利他行为具有强大的生命力，即便在当今物欲横流的高度竞争环境下，利他之路也是行得通的。

在精益管理活动中，始终坚持利他思维，倡导利他精神，同样可以收获美好的结果。利他的动机能够让员工迸发激情和创造力，同时，也让经营者拥有正义感、影响力和领导力。

对于如何培养利他之心，可以遵循三个基本步骤：第一，要选择相信，相信利他是因、利己是果的因果律。第二，在利益面前，要学会对自己每一次的起心动念和随后采取的行动进行理性检视，确认其是双赢或是多赢的。第三，持续坚持这种理性检视，直至让这种理性检视成为思考习惯。一个人只要能够做到这三点，就会拥有美好人生，所经营的事业也就能够取得持续成功，基业长青。

当然，需要注意的是，假如和一个利己主义者做生意，而你却一味地坚持利他，你不仅会吃大亏，而且他还可能认为你是"大傻瓜"。所以，倡导利他精神，并不是说任何时候不设防，而是用利他思维去审视周遭的人和事，并采取相应的策略。其一，俗话说得好，害人之心不可有，防人之心不可无，要有防范措施。其二，只和价值观相同或相近的人做生意，远离各种唯利是图和自私自利。其三，要设法用正确的价值观影响他人，让更多的人拥有利他思维，采取利他行动。

从现实商业社会来看，利他往往感觉是以自损为代价的。其实不然，我们崇尚的做法是，从利他的角度出发思考问题，然后以双赢或多赢的思维正大光明地开展经营活动，并最终实现企业盈利的目的。

我们身边经常有这样的例子。一个人越想着怎么赚钱，其实就越赚不到钱。世界上很多成功人士，这些人拥有一种成功者特有的基因，即利他。这是一种看似神秘，实则简单的力量源泉，可以让一个人持续吸引财富。

总之，培养利他之心，对企业经营和人生经营都是一件十分重要的修炼。

四、学会爱与自爱

爱是关注并帮助他人成长的意愿和行动。要获得爱他人的能力,就要懂得爱自己,学会关注自己的不足,促进自己心智、意识和能力的成长。

为什么要学会爱与自爱?

分享一个超有爱的管理故事。从前,鳗鱼苗养殖曾经是一门有相当难度的生意,经常是靠运气吃饭,原因是鳗鱼苗成活率太低,始终在 20% 左右徘徊,最后能够变现的只有 20% 左右,其中八成都会沉入池底,变成了"鳗鱼泥"。

为了提高鳗鱼苗成活率,人们尝试了许多办法,比如经常换水以保障水质,比如改良饲料促进消化,又比如安装保温设备调节水温等,但始终不能提高鳗鱼苗的成活率……怎么办?后来人们聘请专家教授帮忙,专家教授通过深入的调研分析,得出几个结论:一是养殖环境条件合格,没有问题。二是喂养过程符合标准,也没有问题。三是成活率 20% 是正常现象,符合二八法则。所以专家教授建议:坚持重点主义思想,把能够活下来的 20% 养好,卖个好价钱实现盈利;同时,还建议在采购成本上下功夫,以便提升利润。

后来，一位不服输且超有爱的管理者开始了"提升鳗鱼苗成活率"的改善研究。因为问题已经很清楚，所以他没有进行过多的数据分析，而是决定深入现场解决问题。他开始细心地查看鳗鱼苗的成长环境和成长过程，一天又一天，并没有发现什么异常。忽然有一天，他想应该把关注的重点放在喂食这个环节上，因为养鱼池在绝大多数时间里是风平浪静的，只有喂食的时候才汹涌澎湃，会不会有什么意外发现呢。他开始重点观察，当养鱼师傅照例把鱼料一层一层地撒到池里，每撒一层都会看到鳗鱼苗们风卷残云般地抢食，然后慢慢地吃不动了，水面又重归平静。师傅知道，鱼苗们已经吃饱了。

这位管理者开始想，鳗鱼苗在水面上疯狂抢食那一刻，水面下到底发生了什么？他静静地看着，想着，就在水面归于平静的那一刻，好像听到一部分鱼苗微弱的哀叹声："这回又没有抢到吃的"，然后默默地沉入池底。从此，在他的脑海里不断上演着那疯狂的抢食画面：每次投食，鳗鱼苗都拼尽全力毫无秩序地往上冲，那些身体健壮的总能冲在最上面，并顺利地抢到鱼食，然后茁壮成长。而那些身体素质较差的鳗鱼苗，也会不遗余力地往上冲，但是几轮搏杀之后，不仅没抢到吃的，力气也会很快耗尽……就这样，一批又一批的弱者终会被饿死，然后沉入池底。

是的，问题应该就出在这里，不是鳗鱼苗不努力，而是人们对鳗鱼苗中的大多数缺少关爱，成活率低都是因人们忽视管理，放任鳗鱼苗间无序竞争造成的。这是一个没有爱的环境，这样的环境不利于鳗鱼苗成长，终究不会有好的结果。既然问题找到了，就应该尽快解决问题。解决问题的思路是，除了保障鳗鱼苗

021

生存的硬环境之外，更要打造有利于它们成长的软环境。思路决定出路，管理者最终找到了好办法，在池底安装一个推力朝上的搅拌器，在每次投食的时候打开搅拌器，只要搅拌力度大到连身体好的鳗鱼苗都无法抗拒的时候，所有的鱼苗都会被水流推到水面上，轻松且较均等地获得鱼食。

改良的结果让这位有爱心的管理者喜出望外，因为他的鳗鱼苗成活率达到了90%以上，成了大家学习仿效的标杆……

从以上改善故事中可以悟到这样几个管理道理：第一，在管理实践中，即便是人们身边无处不在的现象，也不能听命于二八法则的摆布，而是要设法透过现象看本质，并通过管理改善来提升系统效率。第二，数据分析并依数据作出判断固然重要，更重要的是到现场去，通过对现物进行细致的观察和思考，找到现实中的真理，然后进行针对性改善。第三，管理者一定要拥有爱心，要对团队中的绝大多数人给予足够的关注，设法创造良好的软、硬环境，帮助他们成长。而不是唯结果论，始终把目光投射到少数几个人身上。第三点是最重要的，需要管理者不断修炼爱与自爱的能力。

爱是什么？在一次总裁班课程上，我问60余位总裁学员，回答是五花八门。有人说，爱就是无私奉献。有人说，爱就是体贴入微。还有人说，爱就是不让对方吃苦……真是这样吗？有人因为无私奉献，养出了不懂感恩、我行我素的孩子；有人因为体贴入微，让对方感觉到自己就是宇宙中心；有人因为不让对方吃苦，使得对方不懂得什么是来之不易。可见，错误地理解了爱，会给人们带来很大的问题。

关于爱，在养鳗鱼苗的故事里已经有了答案，爱包括两个关键词：第一个是"关注"，要关心、爱护对方，以使他不受到伤害；第二个是"成长"，不能放弃管理，任其自生自灭，而要引导或影响其朝着正确的方向获取营养，以便茁壮成长。如此这般定义的爱，同样适用于对父母、孩子、领导、员工、朋友及周围所有的人。

所谓关注，就是关心和注意，就是用心观察，用心倾听，站在对方立场思考。理解对方立场，站在对方立场看问题、想事情，是一种十分重要的意识和能力。对企业经营管理者来说，这种意识和能力尤其重要，值得终身修炼。

所谓成长，是指一个人心智不断走向成熟，意识和能力不断提升的过程。意识、能力提升和其重要性可能比较容易理解，但心智成熟的重要性却往往被人忽视。人们也缺乏对心智成熟的认识。很多人能力超群，却心智不成熟，极大地制约着能力的发挥。比如有些人，嫉妒心强，看不得别人比自己好。又比如，有些人性格偏激，看问题总是非黑即白，不能辩证看问题。还比如，有些人愤世嫉俗，总是觉得世界对自己不公平。凡此种种，都是心智不成熟的表现。成熟的心智，是指一个人拥有独立正确的价值观、平和良好的心态和坚定的意志目标等，是一个人思想、精神层面的东西，值得终生修炼。

懂得什么是爱之后，对自爱的理解也就简单了。所谓自爱，就是"关注"自己，设法帮助自己"成长"。爱与自爱之间的关系也不复杂，因为爱是要帮助对方成长，如果自己心智不成熟，意识和能力不足，那么是做不好爱别人的。所以，学会爱孩子、爱父母、爱员工的同时，一定要好好爱自己。有人认为在精神上和物质上放纵自己就是爱自己，那是对爱的亵渎。

在管理实践中，如果按照二八法则，管理者把关注的焦点放在 20% 的优秀员工身上，而对其他 80% 采取放任的态度，其后果往往是严重的，只是平时没有察觉罢了。一方面，在少数优秀员工看来，是自己养活了企业，久而久之就会养成说不起碰不得的骄横气。有企业高层抱怨，个别优秀员工经常以"撂挑子"要挟自己，殊不知这种坏脾气都是自己宠出来的。另一方面，在绝大多数员工看来，自己并不重要，时间久了，他们在工作上缺乏热情，信心和责任心都会受损。在一个没有爱的环境里，责任心和使命感是不可能凭空生长出来的。所以，企业经营管理者一定要无差别地爱所有员工，打造一个充满爱的好企业。

众所周知，精益管理的精髓是"造物先育人"。育人就是帮助员工成长，说到底就是爱员工的意思。而且精益强调全员参与，就是要爱所有员工。"爱出者爱返"，只要不断修炼爱与自爱的能力，并且无私地付出真爱，你将会活在爱的海洋里！

五、常怀自省之心

"行有不得，反求诸己"是先贤教导。凡事未能获得预期效果，要主动承担责任，虚心反省自己的不足，只有这样，才能获得进步和成长。

常怀自省之心，是管理者改善和提升精益领导力的重要方法。

曾子曰："吾日三省吾身，为人谋而不忠乎？与朋友交而不信乎？传不习乎？"用今天的话来说就是，为人谋划是否不够尽心？和朋友交往是否不够诚信？传授给学生的知识是否得以实践？在这里，曾子强调"忠、信、勤"三件事，算是曾子的"日省三要素"。它的核心思想是忠诚于事，取信于人，勤勉于己。

孟子曰："爱人不亲，反其仁；治人不治，反其智；礼人不答，反其敬。行有不得，皆反求诸己。"意思是说，爱别人却得不到别人亲近，那就要反省自己的仁爱是否有问题；管理别人却没有管理好，那就要反省自己的管理智慧是否有不足；礼貌待人却得不到别人的礼貌回应，那就要反省自己的礼貌是否正确⋯⋯凡是行为得不到预期效果，就要自我反省，一切从自己身上找原因，要深深懂得自己才是一切的根源。

圣贤都有心反省自己，修身养性，普通人就更要常怀自省之心，并通过自我反省，不断改正未能忠诚于事和取信于人的过失，革除未能勤勉于己的懒惰，不断提升自己的修为和品格。

每一个人都有两个我，一个是大我，一个是小我。大我表现为平和、宁静和爱，是理性的存在。小我受各种欲望支配，或者它就是欲望的化身，往往是感性的存在。不懂得自我反省的人，会在不知不觉中不断喂养小我长大，以致于小我膨胀，一切言行受小我支配而不自知。具体表现为，情绪不稳定，脾气暴躁；事情没有做好，认为一定是别人的错；听不得不同意见，事事以自我为中心。而学会自我反省的人，就会是另一番景象，有意识地滋养大我的成长，约束小我的膨胀，并逐步养成由大我主导自己言行的习惯。具体表现是，遇到不顺心的事情，能冷静面对，客观分析；事情没有做好，反省自己有什么不足；愿意倾听他人意见，懂得站在对方立场思考问题。两相对比，高下立现，后者才是管理者追求的方向。

人之所以要学会反省，还因为人是不完美的，这种不完美可能是个性上的弱点，也可能是能力上的差距，又可能是经验和智慧上的不足。而且，心为外利所动，免不了在判断、取舍和行为上因一念之差犯错误。人还是有情感的，想的、说的和做的也会受情绪影响。如果能够学会并养成自我反省的习惯，就相当于建立一个自我监督的反馈机制，通过这个机制，就可以知晓自己的不足，及时调整自己的态度，及时纠正自己的行为。

学会并养成每天反省的习惯，是每一个人必修的人生功课，是一个持续不断的过程。

对于绝大多数管理者来说，我建议每天工作结束的时候，在离开工作场所之前，花几分钟时间反省一下：今天的工作用心（忠）了吗？和同事的交流是诚心诚意（信）的吗？有没有说得多、做得少（勤）的情况？只要留意有什么做得不好的地方就可以了。对于一些大领导来说，最好是每做一件事，每开一个会，每见一个人之后，即刻反省一下自己的"忠、信、勤"。只要每天坚持这样做，就会慢慢养成习惯，并逐步练就一种本领，大我永远临在，时刻监督自己的言行举止。

有人可能会担心，每次反省之后，下一次还会犯同样错误，怎么办？其实这种担心是多余的，原因很简单，当你的反省成为习惯之后，你的大我就会慢慢长大，以至于无时无刻地监督自己的所作所为。最后，大我将逐步主导，甚至主宰你的言行举止。当然，要做到这一点并不容易，值得终生修炼。

在推进精益管理过程中，每一个企业都会遇到各种困难或阻碍。每当这个时候，我衷心希望企业管理者，特别是高层管理者能够反躬自省，问一问自己哪里做得不对，或者哪里做得不够，而不是简单地把责任推给下属或员工。比如，团队中怀疑和观望的人多，改善行动迟缓，管理者就要反省，是不是自己态度不够坚决，或者自己的内心也有怀疑，缺少必胜的信念。又比如，员工对精益管理得过且过，态度不认真，管理者就要反省，自己是不是对精益管理活动参与太少，或者没有在行动上做出示范，或者不懂得及时欣赏员工细小的改善。还比如，下属缺乏责任担当，借口越来越多的时候，管理者就要反省，自己是不是责任追究讲得太多，关心支持做得太少。再比如，下属选择放弃表达，表现出"破罐子破摔"的态度时，管理者就要反省，是不是因为自己急于求成，焦虑不堪，或者朝令夕改，反复无常。

众所周知，企业在发展过程中会遭遇各种瓶颈的制约，有时候是产能不足，有时候是产品创新瓶颈，还有的时候团队能力不足成了瓶颈。与此同时，企业管理者需要清醒地认识到，除了这些瓶颈之外，自己也许是企业发展最大的瓶颈。

当然，并不是说精益管理推进不好，百分之百是管理者的责任，也有可能受各种客观条件的限制。但是，突破阻碍、为成功推进精益管理创造条件，本来就是管理者最重要的工作。所以，建议管理者懂得"行有不得，皆反求诸己"的重要性，始终抱持"我就是一切的源头"的责任担当，时时事事反躬自省，以便发挥卓越精益领导力，实现"自律律人"的目标。

六、倾听与综合

只有耐心、诚心地听，才能听到对方的心声，获得有益的信息。然后，在分析的基础上进行综合，找出事物的本质和规律，以便协调立场，统一意志。

倾听与综合是一种特别重要的能力。古人云："兼听则明，偏信则暗。"个人的认识是有限的，再聪敏的人也会有疏漏，所以不能偏听偏信。俗话说得好，"三个臭皮匠，顶个诸葛亮"，要集中群众智慧，为我所用，才能成就事业。

汉高祖刘邦出身低微，只当过小小亭长，识字也不多。他采纳张良建议，首先夺取关中，进入秦都咸阳。此时，刘邦开始迷恋宏伟的宫殿和无尽的财宝。大将樊哙问他："大王是想得天下，还是想成为富翁？别忘了，秦朝就是刚刚在这里灭亡的。"樊哙的话提醒了刘邦，他决定还军灞上，与民约三章，消除苛政，让民安居乐业。当项羽毁约，只封他为汉中王而非关中王的时候，刘邦大怒，想与项羽决一死战。但萧何等人劝他："决战的时机还不成熟，先忍下委屈，接受分封，到汉中去争取民众，招贤纳士，积聚财力，等时机成熟了再反攻不迟。"刘邦对部将们的规劝，总能从善如流，最后成就了霸业……

在建立汉朝之后，刘邦曾骄傲地总结说："运筹帷幄之中，决胜于千里之外，我不如张良；管理国家，安抚百姓，供给粮饷，我不如萧何；率百万之众，游刃沙场，我不如韩信。他们三个都是人杰，我能用之，所以我才获取了天下。"可见，刘邦倾听与综合的能力非同一般。

倾听和综合看似不同的能力，但两者相互关联，相互影响，缺一不可。作为领导者，如果不会倾听，即便拥有再好的综合的能力，都不可能得出正确的结论或决定。反之，如果没有综合的能力，倾听能力再好，也同样不能做出正确的决定。

所谓倾听，就是诚恳、用心地听。第一，倾听是一种态度、一种涵养和一种智慧。倾听要做到真心实意，展现诚恳的态度；倾听还要做到设身处地，展现深厚的涵养；倾听更要做到见微知著，展现卓越的智慧。第二，倾听是一门技术或能力，讲究方法和技巧。倾听是良好沟通的条件，好的倾听至少要做到三点：不敷衍了事，不做辩解或反驳，不打断对方讲话。第三，倾听还是一门艺术。俗话说得好，"听话要听音"，就是力争听到话语背后的心声，如果通过倾听、提问、再倾听的循环，能够导出双方想要的结论，那就更加妙不可言。能做到这一点的倾听，就不仅仅是技术，而是出神入化的艺术。

综合和倾听一样，是一种很重要的能力。它是将已有的关于研究对象各个方面、各个层次的因素、信息和认知联结起来，形成对研究对象统一且整体认识的能力。综合是一种在纷繁复杂的信息中去伪存真、归纳总结，并最终找出规律或答案的能力。

综上所述，倾听与综合说到底就是"集思广益、博采众长"。所以,学会倾听与综合,是管理者需要长期修炼的一项能力,也是管理者需要始终坚持的重要准则之一。

但是在现实中,很多管理者往往背离了这个准则,习惯于独断专行,以致于最终丢弃了这种能力,并在企业里培育出了一言堂的管理文化。我们建议企业管理者坚决摒弃一言堂和独断专行的错误做法,少独立思考,多沟通交流,逐步培养"集思广益和博采众长"的机制和文化。

第一,要建立集思广益机制。每年年底,可以召开由中高层管理者参与的年度战略研讨会,就新一年度的重点目标和战略进行讨论,以便更好地统一团队意志,促进团队协同。也可以召开聚焦重点经营方向的研讨会,比如产品战略研讨会、市场战略研讨会、降本战略研讨会或精益战略研讨会等。这些研讨会的目的是集思广益,但集思广益并不能代替最终的领导决断。每年年初,也可以组织开展员工绩效面谈活动,或者选择部分员工,由企业高层进行绩效面谈,通过面对面的单独交流,了解团队思想动态,并借机对员工的职业发展进行指导。还可以规划每月一次的董事长或总裁午餐会,为员工代表接触企业高层创造条件。除此之外,还可策划并实施其他形式的集思广益活动,比如课题改善中的头脑风暴等。

第二,要制定集思广益运营标准。为了实施这些机制,首先要把运营责任授权给某个部门,规模小的企业也可以授权给个人,比如董事长助理或总裁助理。然后,由责任部门或责任人对每一项活动的时间、地点、形式、内容和经费预算等进行规划,并形成管理标准。比如,董事长或总裁午餐会运营标准应包括参与者、地点、座位安排、主要话题方向、主持、服务、记录及问题回馈办法等内容。又比如，年度战略研讨会运营标准应包括导师、参与者、地点、主持、服务、记录与结果输出格式等内容。当然，根据运营状况，可以对运营标准进行持续改进。

第三，要培养集思广益文化。由责任部门或责任人根据管理标准要求，持续组织和运营这些活动，让这些活动成为企业经营中的规定动作。为了有利于持续推进这些活动，并取得期望效果，要做好三方面的准备：一是，要建立一个管理看板或电子活动看板，记录活动过程和成果。二是，既然是集思广益，就要注意营造宽松的环境条件，设法让参与者畅所欲言。三是，每次活动中，领导要以倾听者的角色出现，不定调子，少发评论，更不要当场做出具体承诺。如此这般，经过长期的沉淀和积累，最终形成良好的集思广益文化。

除了这些规范的集思广益活动之外，企业经营者还要以博大胸怀，主动与管理者或员工进行沟通和交流，及时倾听大家的心声，不断优化和改进企业的管理。

七、拥抱变化，挑战自我，推动创新

经营环境快速变化，经营企业就像逆水行舟，不进则退。领导者要时刻与惰性和懈怠作斗争，拥抱环境变化，挑战自我设限，推动团队创新。

世界是变化的，市场、需求和企业内部环境也是变化的，而且变化的速度越来越快。所以，"拥抱变化，挑战自我"是管理者必须拥有的价值理念，"推动创新"更是管理者的重要责任和使命。为了应对变化，管理者必须从个人和组织层面快速做出改变，以便在未来的竞争中立于不败之地。

作为在社会上立足的个人，管理者和其他人一样，都会面临因变化带来的挑战和机遇。如果只看到变化带来的挑战和困难，或者根本看不到变化的时候，可能就会选择故步自封，安于现状，慢慢地就会形成思考和行动的懒惰。如果不仅能看到变化带来的挑战和困难，更能看到变化带来的机遇和可能性，那么可能就会选择居安思危，挑战自我，并最终养成勤于思、敏于行的好习惯。这两种面对变化的态度和行动，是每一个人选择的结果，是完全不同的人生态度。当然，不同的态度和不同的选择，就会带来完全不同的结果。

如果选择前者，就可能把自己封闭起来，缩小自己的活动半径，减少和外部的接触，每天只关心自己身边的一亩三分地；对新事物、新趋势或采取漠视的态度，或排斥、批判，求全责备，以致于视野越来越窄，逐渐和社会脱节。比如有人对微信颇有意见，甚至拒绝使用微信。比如有人抱怨，90后不行，00后更不行。又比如，有人对精益管理一知半解，对学习和改变特别抗拒，时至今日还只相信自己过时的所谓经验。

正确的做法是，做趋势的跟随者，或者做趋势的同行者，力争成为趋势的引领者。为此，我们建议管理者们，一是有一个积极向上的好心态，感知变化，拥抱变化，对新事物、新技术和新方法不排斥，不求全责备，持开放和宽容的态度。但需要注意的是，在当今这个信息爆炸的年代，做好去伪存真十分重要，不能人云亦云。二是放下自我，走出企业，走进课堂，走进别的企业，走出国门观摩学习，拓宽视野，放大格局。三是认真学习，不断创新自己的心智、情感、意识和能力，并在实践中修炼和完善自己。

作为一个管理者，除了个人的学习、成长和创新之外，最重要的责任和使命是推动企业创新。企业也是一个"生命体"，在长期的生存发展过程中，慢慢形成一些独有的优势、文化或惰性。但是，即便是优势，也不能故步自封，否则就有可能成为前进道路上的绊脚石。从前，柯达在胶片市场上十分成功，正是因为成功，令它在数码相机的巨大机会面前止步不前。这样的例子不少，很值得人们深思。所以，推动企业创新、促进员工参与，是企业经营和走向未来的关键任务。

第一，要高举创新旗帜。创新是企业经营中长期的战略任务，管理者可以借助精益管理思想和方法，把这项任务转化为员工的具体行动。导入和推进精益管理，首先就是以管理者的坚强意志为依托，通过学习和研讨，树立团队推动精益管理的共同意志。然后，借助于启动会等形式，营造不得不做的氛围条件，把全体员工凝聚在精益管理的旗帜下。

第二，要快速促成团队改变。能否快速促成团队和员工的改变，是导入和推进精益管理成败的关键。根据经验，我们找到了一条促成改变的成功路径：专家顾问或管理者深入一线，手把手教导样板区员工，从改变行动开始，从解决身边最简单的问题着手，进行改善。因为行动的改变很快就会带来环境的改变，看到环境的改变，团队就会对精益管理产生信心和兴趣。事实证明，要想改变团队和员工，靠说教不行，靠培训不行，靠考核也不行，从改变行动开始才是正道。

第三，要精心构建创新系统。为了保障精益管理能够得到持续推进，必须从组织建设、标准制定、机制导入和方法学习等多个方面着手，精心构建创新系统。首先，搭建由最高领导参与的精益管理推进组织，定义组织职能，并决定推进活动的负责人、推进专员及各部门的先锋代表。其次，制定精益管理活动的有关标准，比如精益 5S 管理标准、员工提案管理标准、自主运营管理标准、焦点课题改善管理标准、年度活动管理标准等。再次，分步骤导入精益 5S 活动、员工微创新活动、现场上台阶活动和绩效大课题活动等活动机制，并在实践中学习和掌握这些机制所需的改善方法和运营技巧。最后，有针对性地对员工进行理念、工具和方法的培训，不断提升他们发现问题、分析问题和解决问题的意识和能力。

第四，要逐步打造创新文化。要打造创新文化，企业领导必须对精益管理抱有必胜信念，身先士卒，率先垂范。除此之外，企业必须持续做好三件事情：一是制度化建设，把精益管理作为企业的重要战略任务进行定位，把精益目标作为评价部门工作的重要指标进行管理，并最终使精益管理转化为企业经营管理中的规定动作。二是机制化推进，指派专人负责员工微创新、现场上台阶、绩效大课题三大改善机制的推进工作，督促并帮助各部门落实精益管理行动。三是活性化管理，导入各种营造改善氛围的方式方法，激发团队活力，促进全员参与。只要能够持续做好这三件事情，就能够逐步打造出生生不息的创新文化，这才是导入和推进精益管理活动的终极追求。

除了系统推进企业创新的方法之外，管理者还可以从现实出发，开展其他各种推动企业创新的行动。比如，有企业领导提出，要在顾问老师辅导下打造零垃圾工厂，即通过全员参与的改善活动变废为宝，减少各种排放，直到实现零排放。又比如，某企业董事长要求，装配线每半年旋转90度角，而且要求每次调整都要获得改善成果，即在单位面积产出、人均产出、成本和质量等方面进行改善。

总之，拥抱变化、挑战自我、推动创新是管理者必须坚持的重要原则，是个人成长和企业发展的力量源泉。

八、如何发挥精益领导力

发挥精益领导力的最佳途径是自律律人，成己达人。所以，管理者率先垂范、自我修炼很重要。

在推进精益管理活动过程中，会遇到各种各样的问题或障碍。管理者除了按照精益领导力心法的要求修炼心性之外，还需要在多个方面率先垂范，身体力行，以便在精益管理实践中锻炼自己的实战领导力，促进员工广泛参与，收获更大成效。

能够成功推进精益的管理者，具体应该怎样发挥领导力呢？我给大家以下 5 条建议。

第一，要拥有强烈的使命感。未来，企业经营环境不确定性提高，精益应该成为企业的文化信仰。管理者一定要抱着强烈的使命感和目标感，向员工清楚说明精益的愿景。我定义的精益愿景是：通过精益，让企业获得深度影响和教育客户的能力。这种能力，既可以让企业开源增效、基业长青，又能够为产业链和社会经济发展做出贡献。只有怀着这样的大义名分和使命感，才会让团队产生共鸣，学精益，做精益。

第二，用行动表达坚定信念。在大会或小会上，口头表达对精益的喜好和支持是远远不够的，必须付诸实际行动。比如，设立专职推进部门，配置专职人员，负责规划、推进、指导和评价企业及部门精益改善活动。在成功导入精益管理之后，把精益推进部门转型为常设的经营革新部门是一个十分成功的好做法。又比如，定义具体可行的精益管理目标指标，包括可核算的财务效果目标指标，以及改善数量、员工参与率等过程指标，并把这些目标指标纳入绩效考核的范畴。还比如，可以投入必要的资金、场地等资源，添置工具、耗材，奖赏好创意、好改善，用作团队活动场所，规划和实施对员工的培训等。

第三，要有童心、童趣和探究心。期望员工喜欢精益、乐于改善，管理者就得喜欢精益，身体力行。在管理实践中，管理者要以开放的心态面对问题，并抱着积极探究真理的态度，和员工一起切磋、研究。看到员工在解决问题过程中提出来的创意和改善，更要抱着童心、童趣，和员工交流，由衷欣赏他们的改善，即便很小，也要予以表扬。

管理者的童心、童趣和探究心，一定会带动更多的员工参与改善，让团队焕发出创新和改善的热忱，让组织更具激情和活力。

第四，获取团队成员的信任和尊敬。管理者必须采取能够获得信任和尊重的行动，把员工当成伙伴，以诚相待。每一个员工都是有感情的个体，只有真诚对待和尊重员工，员工才能深刻地感受到自己存在的价值，感受到被尊重、被需要。管理上出了问题，管理者不能简单地把责任推给下属，更不能训斥或责难下属，而要和员工一起，反省自己的不足，和员工一起研究解决问题的办法。

更重要的是，管理者要做到言而有信，力争做到言必行、行必果，不达目的不罢休。承诺的奖励一定要兑现，重要的活动一定要参加，良好的形式一定要坚持，规定的动作一定要落实，做到事事有跟进、事事有结果。

第五，用行动关爱下属，并努力帮助下属实现目标。在精益过程中，员工有可能遇到资源不足、时间不够的困难，管理者要遵循三现（现场、现物、现实）主义原则，了解他们的难处，并从经营的高度出发，给予团队资源和富余的时间，引导他们进行创新改善，以便创造出更多的富余。针对意愿不足的问题，管理者要多多关注员工的状态，仔细倾听他们的心声，做好细致的思想工作。针对能力不足的问题，可以对员工进行针对性培训，或者采取"结对子"等形式，进行帮扶。

用行动关爱下属，帮助下属实现目标，树立团队持续改善的信心和兴趣十分重要。

总之，要发挥精益领导力，就要有激情，有爱心，懂方法，能行动，自律律人，成己达人。

精益经营哲学十条

2 Chapter

一、相信精益的力量

精益不等于结果，也不等于工具或方法，是企业经营的一种终极文化信仰，是团队朝着理想的高目标持续创新和改善的过程。

关于中国企业必须走精益之路，多年前我们就开始呼吁了，但直到最近人们才开始予以足够的重视，我感到既遗憾又欣慰。遗憾的是，一些企业粗放经营和无序发展，错失了升级管理和研发工艺技术的大好时光。欣慰的是，人们终于明白了通过精益实现企业升级的重要意义。

学习精益要从认识精益目标开始。精益有哪些目标呢？大家耳熟能详的有零缺陷、零库存、零浪费、零故障等。那么世界上真的有零缺陷、零库存、零浪费、零故障吗？回答是否定的。也许有人会说，不对呀，丰田不就实现了零库存、零缺陷了吗？其实不然，这是人们一直以来的误解，丰田从来就没有实现过零缺陷、零库存、零浪费、零故障等，只是矢志不渝地走在追求这些精益目标的路上。可见，这些精益零化目标及准时化只能无限接近，却无法真正实现，是一种理想的高境界。也许有人会说，既然不能真正实现，又何必孜孜追求？这是因为，只要朝着这个理想的高境界持续追求、快速进步的话，企业经营体质和竞争力水平就会不断提升，在市场竞争中立于不败之地。所以优秀企业，特别是优秀制造型企业，无不借助精益思想、方法和行动来推动企业进步。丰田是这样，理光是这样，三星、华为也不例外。

因此可以说，企业走精益之路，说到底是企业领导和员工通过精益改善行动，朝着理想的目标不断修炼意识、思维和能力的过程。从这个意义上说，精益就是一种信仰，是指引企业领导和员工走向未来的信念、准则和指引。企业领导有必要从自己开始转变观念，影响和带领全体员工一起信奉精益，实践精益，把企业带向更美好的未来。

信仰精益不仅表现在上述对目标和结果的认知上，还表现在对工具方法、管理现状、员工能力及精益时机等的正确认知上。

基于精益这个信仰，人们应该懂得工具、技术和方法没有最好，只有更好。在管理和技术上，企业千万不能故步自封，停止学习和思考，停止改变和进化。有一家企业的老板对我抱怨，来料检查部门员工流动率很高，效率低下，不知道如何是好。我问其原因，他说前几年根据专家建议，把检查作业台做高，让员工站着检查，这样可以提高效率。改完之后一直延续至今，现在员工认为别的部门都能坐着工作，为什么自己却要站着工作，太累而且不公平。知道了事情原委，我问他一个问题：提高检查效率的终极目标是什么？他一时语塞，在我的引导下终于明白，提高检查效率的终极目标是"不要检查"。让员工站起来工作能达成终极目标吗？回答是否定的。既然如此，那么站着检查就一定不是最好的方法，可以与时俱进研究更好的方法。只要能够找到比站着检查更好的方法，即便让员工坐下来工作也无妨。其实，在精益辅导实践中，提高检查效率的方法有许多。比如，根据供应商或零部件质量表现进行分类管理，对那些不出问题的供应商或零部件可以放宽检查或不检查；又比如，为了提高供应链效率，可以把检查工作前置到供应商实施，或者花功夫辅导供应商改善质量，令其进入免检名单；还比如，可以通过开发或外购自动检测装置实现对人的替代等，不一而足。这样做的目的是，在保障来料质量的前提下，不断寻找更好的方法，减少检查工作量，提高检查工作效率。

基于精益这个信仰，企业只要走上精益之路，就不要惧怕管理现状的落后。两年前，有一家客户企业的老总前往丰田参观，回来后情绪低落，告诉我："刘老师，我都有点不想做下去了，我们在管理上差距太大，估计再怎么努力也难有大的作为。"我耐心地和他一起进行了分析，让他慢慢懂得两个道理：第一，即便你的管理很差，但客户依然给你订单，说明你的企业一定有可取之处，或者说你的对手在管理上肯定也不高明，所以不要妄自菲薄。第二，你的管理这么差，企业依然可以生存，说明可以挖潜或提升的空间很大，机会难得，改善应该比较容易。只要懂得把存在的问题当作机会，通过导入精益改善机制，发动广大员工主动发现问题，动脑筋想办法解决问题，企业就能够持续提升市场竞争力，并且可以获得更高的收益。

基于精益这个信仰，员工只要付诸精益行动，就不要担心他能力低下。许多企业管理者抱怨员工素养不高，能力低下，成了制约企业发展的瓶颈。针对这个问题，人们曾经期望通过绩效考核等方式，督促员工学习和提高，结果不了了之。后来人们听从了专家教授的建议，期望通过花钱做培训来提升员工能力，最后发现员工并不领情，效果不佳。而长期咨询的实践经验告诉我们，帮助员工提升和成长，主要不是靠考核、靠培训，而要靠现场、现物的精益改善训练。只要员工能够在精益管理机制约束下积极参与改善，就能够在发现问题和解决问题的过程中持续提升素养（习惯）、意识和能力。我们坚信，员工的学习一定是为了改善，员工的改善肯定是最好的学习。

基于精益这个信仰，精益不要等，不能等，现在就是开始精益的最佳时机。有太多的企业管理者错误地认为，做精益需要满足一些前提条件。有人说自己企业管理基础太差，希望等管理基础好些再做精益。还有人抱怨供应商供应管理太差，等供应商能力提升之后再做精益。也有人提出团队意识和能力太差，等团队成长之后再做精益。凡此种种"等"的理由，都是人们拒绝改变、拒绝进步、拒绝走精益之路的借口。正确的认识是，改善管理基础是精益的一部分，帮助供应商提升也是精益的重要工作，提升团队意识和能力更是精益的关键任务……

总之，精益需要从打破自己和团队的惰性开始，通过导入有约束力的精益管理机制，营造不得不做的改善氛围，促进员工广泛参与，让全体员工在发现问题、分析问题和解决问题的循环中修炼自己，体验成长（成就感），让企业收获绩效改善成果。只要企业领导能够身先士卒、持续坚持，精益改善终将成为企业文化的核心内容，精益终将成为企业全体员工的信仰！

二、造物先育人

造物和育人是企业经营的两大任务。造物是企业经营的目的，需要建设造物系统；育人是企业经营的手段，需要运营育人机制。造物系统是"船"，育人机制是"水"，"水"涨才能"船"高。

做好企业经营活动，关键要做好四件事：一是做好盈利能力分析，从开源和节流两维度出发，看清各个职能部门创新改善的责任和努力的方向；二是做好顶层设计，包括战略规划和组织管理；三是通过经营计划的形式，进行职能授权，包括销售、生产等任务导向，以及效率和效益两大类创新导向职能授权；四是通过改善创新、环境建设和质询辅导等落地活动，帮助部门或团队实现目标。

部门或团队目标实现了，企业目标也就实现了。

管理的本质是"管控和维持"，目的是"造物"。企业管理活动需要做好四件事：一是做好生产计划，包括销售预测、产能规划和财务预算等；二是依据标准，对销售、研发、生产等流程与其结果进行管控；三是做好异常管理，并及时进行纠正或补救，以便按计划完成销售和生产任务；四是做好造物系统全流程标准化管理工作。

为了提高企业经营和管理效率，优秀企业都会设置两个重要部门：一个是负责运营"育人"机制的"经营革新部"，另一个是负责协调"造物"系统工作的"生产管理部"。

十年的世界500强企业工作经历，使我深知这两个职能缺失会给企业经营带来严重的后果。众所周知，生产管理部门主要是负责计划、调度和物流管理等职能的，它的作用相当于机场里的控制塔。可以设想，如果机场没有控制塔，或者控制塔缺乏权威、没有定义控制规则，后果将不堪设想。

经营革新部的主要职能是持续推动企业革新，促进全员参与创新和改善，提升企业经营绩效，它的作用相当于参谋部（指挥部），每一场战役都是全新的，而且无法重来，需要战略、战术和最小作战单位的改善和创新。一场没有战略、战术和作战创新的战役是很难取胜的。所以，企业要是不能持续推动创新和改善活动的话，团队就会形成惰性，缺乏战斗力和改善力，制约企业发展，企业也就难以永续经营。

1. 组织退化与职能缺失造成企业管理不完整

我从加入理光学习和实践管理以来，特别是在创业做咨询顾问之后，就一直在深入探索，希望找到更多更好的办法，让客户员工自动自发做改善，以便实现理想中的自主管理，但是期望中的好办法终究没有找到。

"要是×××做得好，就能够让员工自动自发，实现自主管理，老板就能够闲下来。"这种灌输令许多企业老板心生羡慕，然后就像古代帝王寻找长生不老药一样，到处花钱听课，苦苦寻觅，期望能够找到灵丹妙药。

事实上，纵观世界上的优秀企业，丰田、三星、华为和理光等都没有完全的自动自发。换句话说，如果没有高层的意志，没有组织的推动，再优秀的企业也不可能做到员工自动自发，没有外力推动的自主管理是不存在的。

这就能理解，为什么在世界500强企业里都有一个重要的部门，这个部门的重大责任就是推动创新经营、管理变革或精益管理。也就能理解，为什么世界500强企业会定期举办年度改善成果发表会或创新PK大赛，而且这些发表会或大赛都是由这些推动创新的部门组织和推动的。负责推动创新经营、管理变革或精益管理的部门可以叫"经营革新部"或"战略管理部"，也可以叫"精益管理部"或"改善促进部"。看得出来，这个部门基本没有与研发、销售和生产等相关的具体业务职能，而其重要职能之一就是推动"全员参与，持续创新与改善"，让企业管理水平不断提高，让企业不断前进。这个部门是企业基业长青的有力保障。

2. 经营革新部，一个被忽略的创新推动部门

我们帮助企业做精益，经常观察和研究企业的组织管理。有些规模较小的企业里，并没有设置经营革新部这一重要部门，所以员工参与创新、改善的事情是没有人负责管理的。但在绝大多数企业里设有"经营管理部""体系管理部"或"总经理办公室"等部门，照理说这些企业里应该有人对"促进员工创新、改善"负有责任。遗憾的是，这些企业的那些部门职能在不知不觉中异化了，逐步演变成一个"做杂事、写文件、收报告和搞检查"的"秘书处"或"养老办"，十分可惜。

在导入精益的时候，本可以把推进精益管理的职能交给这些

部门。但是这些部门养尊处优惯了，缺乏战斗力。所以，在大多数情况下，我都会建议客户新设一个经营革新部或精益推进办公室，必要时，建议企业把办公室升级为常设部门，即经营革新部。

设置与运营好经营革新部意义重大。作为一个推动全企业改善与创新的专门机构，经营革新部主要职能是持续推动企业变革，促进全员参与创新和改善，提升企业经营绩效。

更进一步地，还可以循着组织职能优化的方向出发，改造那些效率低下的"秘书处"或"养老办"。在企业老总直接重视与领导下，才能把这一部门职能真正发挥出来，让整个企业组织注入源源不断的创新基因，让企业活力四射，永续经营。

三、精益以"自働化"和准时化为原则

在管理实践中,既要设法找到"自働化"机制和方法,追求零缺陷;又要以实现准时化为目标,倒逼员工对系统和过程可靠性进行持续改善。

企业走精益之路,说到底是企业全体员工通过精益改善行动,朝着理想的目标不断修炼意识、思维和能力的过程。企业领导有必要从自己开始转变观念,影响和带领全员信奉精益,实践精益,把企业带向更美好的未来。在走向精益的过程中,丰田倡导的两个精益原则至今仍然适用,必须长期坚持,一个是"自働化(不是一般意义上的自动化)",另一个是准时化。

所谓"自働化",是那些保障不做不良品或不让不良品流出的机制或方法的总称。因为这些机制或方法拥有判断和自动停止的功能,所以丰田喜一郎坚持使用有单人旁的"働",意指"有人的智慧"。

在管理实践中,为了降低产品不良率,人们花了大量功夫,但是往往吃力不讨好。比如,为了防止设备产出不良品,会安排一名看护人守在设备旁边,以便查产品。又比如,为了防止不良

品流入下工序，会在工序间增加检查人员，对半成品进行逐一检查。还比如，产品生产结束之后，还要进行最终检查。所有这些检查其实都不产生客户价值，检查越多，浪费越大，但又不得不检查。不仅如此，经检查发现不良品时，还要返工，有些甚至需要直接废弃，造成更多的浪费。更可怕的是，所有的检查终究无法保证能够排除所有的不良品，一旦有不良品流到客户或市场，就将面临客户索赔和巨大的信誉损失。可见，通过加强检查来降低不良品率的做法，终究不是高效益的好办法。

与各种检查相比，"自働化"就要高明得多。它通常从两个不同层面来实现：一个是研究一次就能做对的"防呆"办法，不做不良品；另一个是实在不能保证一次做对时，设法找到能够防止不良品流出的"纠错"办法（出错后被强制纠正）。丰田喜一郎发明的办法属于纠错范畴。为了与人们崇尚的"制度"进行有效区分，我将这些结构化的好办法统称为"机制"。

那么到底在什么时候需要研究"自働化"改善呢？答案是越靠近质量的源头，"自働化"改善越有价值。首先，如果能在产品设计阶段就遵循"自働化"原则进行改善的话，效果最佳。比如，人们常用的钢笔，之前笔身和笔套配套尺寸公差要求较高，加工过程中容易出现尺寸不良，造成返工，而且在钢笔使用过程中还会因为磨损出现松脱现象，造成客户投诉。后来的设计有了改善，即在笔身和笔套间加了一个卡环，然后做大配套尺寸公差，这样做不仅不再产生尺寸不良，还可以保障使用中不会因为磨损造成松脱问题。其次，可以通过加工工艺、工装夹具或加工设备的"自働化"改善来消除产品不良。最后，通过进行"自働化"检出方法改善，杜绝不良品流出。广为流传的一个使用电风扇检出不良品（检出漏装产品的盒子）的例子就是一个很好的"自働化"改善案例。

从以上分析得知，通过"自働化"改善来解决质量问题是机制导向，而非制度或责任心导向，它能更好地引导人们进行系统思考和方法改善。通过"自働化"改善，不仅能够降低产品不良率，还能够极大地提高生产效率，减少各类质量损失，值得人们持续坚持。

所谓准时化，是指生产过程中通过采用后工序拉动的方法，实现工序间无停滞的快速和及时流转，即JIT（Just In Time，准时制生产方式）。据说丰田喜一郎在创办丰田之前曾前往美国福特公司观摩学习，看到每个车间都堆放着大量中间库存，遂问福特人这是怎么回事。福特人告诉丰田喜一郎，这是大批量生产必须保有的缓冲库存，否则生产就难以顺利进行。丰田喜一郎接着问，这是为什么？回答是，要是没有这些库存作为缓冲，当设备故障、作业失误、不良产生及供料不及时等任何一项异常发生的时候，生产就会因此停止，造成人力等的巨大浪费。丰田喜一郎心想，如果以后做汽车的话，无论如何要反其道而行之，就是以准时化为原则，减少中间库存，减少因为库存造成的大量浪费。

至今还有人说，库存式生产适用于大批量时代，如今是小批量多品种，必须采用准时化生产。而丰田人认为，不管是大批量生产，还是小批量多品种生产，准时化都是一个必须坚守的基本原则。如果不能实现准时化，库存就成了必需。而库存本身是浪费，它占用资金、耗费利息、占用场地、耗费空间资源，还可能带来降价风险等；库存还会派生出许多问题，如搬运、保管、寻找、防护等无价值作业；库存更会掩盖大量的管理不善问题，使得产能不清晰，产出不稳定，停机、停线及物料延迟等异常无人关注，造成工作现场涣散，没有紧张感和节奏感，效率低下。

当然有人会说，我也想做准时化，消除库存，但现实是，如果没有了库存的缓冲，到处都会发生停工待料的问题，可能浪费更加严重，得不偿失。抱有此等想法的人绝不在少数，问题出在他以为追求准时化是一个非此即彼的选择题，要么有库存，要么没库存。而事实是，追求准时化是一个动态平衡的过程，是一个通过改善让库存不断减少的过程。

在此我们要清楚，现库存不管是多少，它都是一种"合理"的客观存在，是自然而然中形成的结果。根据我的经验，对于一个没有追求准时化的企业来说，谁也不追究库存为什么是这么多，而不是更少。之所以说它"合理"，是说如果一切都不加以改变或改善，那么库存通常不能少于它，如果少于它，生产就可能停顿，造成更多的损失。当然，说它"合理"，并不是说要放任它的存在，而是要从现状出发启动一个持续减少它的循环。

那么该如何启动这个循环呢？如果没有专家指导，绝大多数情况下，企业会让相关部门从研究分析库存的合理性开始，结果肯定是不了了之，因为现库存总是相对"合理"的。在管理实践中，库存只是结果，追求准时化既是原则，也是减少库存的手段。所以要想减少库存，必须从准时化改善入手。所谓准时化改善，就是所有与产品生产相关的部门动脑筋想办法缩短工作或作业周期的过程。

明白了这个逻辑之后，事情就变得相对简单了。销售部门要设法缩短客户订单处理周期，并以更快的速度把订单信息告知计划部门（制造）和采购部门；采购部门要改善部门工作和供应商能力，更快捷地保障物料供应；制造部门要持续进行改善，消除制造过程的各种异常，提高设备、工艺、质量的可靠性和稳定性等，最终达到缩短制造周期的目的；检查部门要改善检查方法，最好实现与制造部门并行工作，在物料或产品流转中完成检查……如此这般改善的结果是，整个生产周期越来越短。对应生产周期的缩短，就可以安心地把库存降下来，理论上讲，每缩短一天生产周期，就可以减少一天的库存。越是库存少的企业，其订单交付越好，因为其生产周期足够短；而越是库存多的企业，其订单交付越差，因为生产周期太长。

以零库存为目标，以准时化为原则，倒逼所有前工序，包括销售、采购、检查和制造等部门进行全面改善，追求设备零故障、工作无差错、无不良品产生及无延迟供料等，极大地缩短生产周期。

可见，"自働化"和准时化对于企业经营来说意义重大，值得企业持续坚持。

四、精益崇尚防微杜渐和防患未然

越是在源头解决问题，效率越高，损失越小。精益不仅要引导员工关注和解决大问题，更要鼓励员工关注和解决小问题，防微杜渐，并逐步做到防患未然。

预防哲学是精益管理的核心理念之一，它包括防微杜渐和防患未然两个不同境界的内涵。防微杜渐是说，小问题认真对策、不马虎，让大问题不发生的思维。防患未然是说，针对问题发生的可能性进行提前对策，让问题不发生的思维。

有一个流传很广的故事：少了一个铁钉，坏了一只马掌。坏了一只马掌，折了一匹战马。折了一匹战马，输了一场战役。输了一场战役，亡了一个帝国。可见，一个帝国有可能是由一颗的小小铁钉决定的。正所谓"差之毫厘，谬以千里"。人们应该认识到，为了防范重大问题发生，有必要认真解决好每一个小问题。

大问题通常是由小问题累积而成的，正确的认识应该是，用一杯水就可以浇灭的火苗一定要及时浇灭，绝不能任其发展到只有用消防车才能扑灭的程度。比如，设备停机故障的发生往往都不是偶然的，是诸如震动、锈蚀、发热、松动、灰尘等微小缺陷不断累积而成的。要消除设备停机故障，唯有从消除各类微小缺陷开始。安全管理也是如此，细节不做好，安全隐患不排除，很难保证不出大的安全事故。

精益管理主张全员参与，其重要的意义在于，发动包括基层在内的全体员工，从解决自己身边的小微问题开始，持续改善，最终达成不断提升企业管理水平的大目标。

另外，为了说明防患未然的重要性，人们常常引用扁鹊三兄弟的故事来警醒管理者。传说，扁鹊三兄弟都精通医术，医术高明，其中大哥医术最高，二哥次之，扁鹊第三，而偏偏扁鹊最出名。原因是，大哥治病总是预防为主，也就是"治未病"，人们很少在意他的功劳；二哥善于治小病，但人们认为只是治个小病而已，没什么了不起；只有扁鹊敢治大病，往往手到病除，所以名声在外。

尽管人们懂得防患未然和预防管理的重要性，但在具体行动上却很容易走偏，甚至背道而驰，不仅忙于或执念于事后管理，而且对企业内善于事后管理的"扁鹊"大加赞赏，表彰各种"救火"行动，而对于治小病、治未病的"大哥"和"二哥"不够重视，甚至不屑一顾。这样做的后果是严重的，在管理实践中，人们往往习惯于花时间应付层出不穷的问题，使得优秀者在"灭火大赛"中脱颖而出，而防微杜渐的事情却少有人关注，更没有人潜心研究。在我们辅导客户做精益的时候，不少企业领导告诉我，花钱请顾问就是来解决大问题的，那些现场的小问题能不能先放一放。这样的认知水平，是缺乏最起码的精益哲学理念的表现。

预防管理需要从两个方向上予以理解。一方面，越是在发生问题的源头进行管理或改善，失败成本越小，管理效果越好。比如产品因质量问题在市场上被客户投诉所造成的质量损失最为惨重，在产品出货或生产过程中发现问题质量损失次之，在原材料供应商处发现问题其质量损失会更小，如果能在设计环节采取有效对策，进行防错设计，那就能从根本杜绝不良损失。

五、答案在现场

远离现场，纸上谈兵，不仅不能解决问题，还会让问题变得复杂。只有亲近现场，在现场分析和解决问题，才能及时找到切实有效的答案。

所谓精益，可以简单地理解为一个持续消除浪费的过程。关于浪费，人们经常说，不创造价值的工作是浪费；即便是创造价值的工作，但所用资源超过绝对最少的界限，也是浪费。以这样的基准衡量的时候，人们发现企业管理过程中浪费无处不在，归纳起来共有八大浪费，即等待浪费、搬运浪费、不良浪费、动作浪费、加工浪费、库存浪费、制造过多（过早）浪费、管理浪费等，其中前七大浪费由丰田所提，管理浪费是人们后来加上去的。

为了让管理者更清晰地认清企业组织的问题，明确自己的责任和使命，我认为有必要从管理浪费中把"组织的浪费"提取出来进行认知。

如果我问，企业内哪几个部门在创造价值？回答肯定会是研发、生产和销售三大部门，这些创造价值的部门通常被称为直接部门。而其他部门只是为创造价值部门提供支持和辅助而已，他们并不直接创造价值，所以常常被称为辅助部门或间接部门。依据上述定义浪费的基准来对照的话，所有这些辅助部门都应该是浪费。这就是我说的"组织的浪费"。

从企业组织效率上来看，如果能够缩小甚至去除这些辅助部门，只留下高效运营的三个价值部门的话，那是最理想不过的。而事实是，这种理想的组织形态在绝大多数企业里是不存在的。即便如此，作为一名拥有精益思维的管理者，在思考组织效率的时候，要自始至终以这个理想状态作为追求的方向，并从（客户）价值的角度出发，思考组织效率和组织责任问题。

如果我进一步问，在研发、生产和销售这三个价值部门里，又是哪些人在创造价值呢？不用说，是那些工作在第一线的员工，比如那些负责制图或试制产品的研发、设计人员、直接加工或装配产品的作业者、直接和客户打交道的销售或服务人员。也就是说，那些在研发、生产和销售一线打拼的员工才是企业里创造价值的主体。

那么，不直接创造价值的人又是谁呢？是那些不在一线工作的人，一般由两部分构成，一部分是各级管理者，另一部分是那些在办公室从事事务性工作的职员，如人事、行政、财务、采购、宣传等部门的员工。不管这两部分人工作如何努力，他们并不能直接为企业带来收益，从理论上讲，这两部分人也都是浪费。

这样说，并不是要否认管理者、辅助部门等非一线员工在企业经营中的作用，而是想让企业各级管理者和间接部门员工认识到自己并不能直接创造价值，自己存在的意义在于用心为那些直接创造价值的一线人员提供一切需要的支持和服务。

以上关于"组织的浪费"和"非一线人员是浪费"的认知非

常重要。有了这样两个重要认知，企业就不会在管理中走偏，就能够理解以现场为中心的重要意义，进而学会并养成自觉关注现场、服务现场的好习惯。

第一，一线员工的时间很宝贵，所以管理要以现场为中心。一线员工每浪费一秒，就会失去一秒制造利润的机会。相反，管理者和间接部门员工即便休息几天，可能对企业收益也没有太大影响，说不定企业还会因此受益。所以，作为管理者和间接部门员工所要做的是，尽可能做好物料采购、物流配送、设备维护、工艺改良、动力保障和后勤服务等工作，创造一切条件保障一线员工的工作不停顿、不浪费，让一线员工每一分、每一秒都用来创造价值。

第二，一线员工的状态很重要，所以管理要以现场为中心。一线员工是设计、生产、销售产品和向客户提供服务的主体，他们的工作状态直接影响工作的效率、产品的质量、订单的交付和客户的感受。所以，企业管理者和间接部门员工要始终以现场为中心，设法为一线员工创造愉悦、快乐的工作软、硬环境。设法做到让一线员工心情舒畅，并始终保持高昂斗志（士气），不仅可以提高工作效率，做出更好的产品，还会带给客户美好的体验，帮助企业开源节流。

第三，一线员工的智慧很重要，所以管理要以现场为中心。在创造价值的现场出了问题，比如遇到设备故障、加工不良、作业延迟等问题，创造价值的过程就会随之停止，这就等于浪费利润。如果一线员工不能及时解决现场问题，那么这些问题就需要事后由管理者或职员带离现场加以解决。问题在发生之后被放置的时间越长，分析并找到问题发生原因的难度就会越高，解决问题所耗费的时间就会越长；而且解决问题的地点离现场越远，答案越容易偏离实际。所以，比事后解决问题更有效的做法是，管理者和间接部门职员要以现场为中心，关注员工，引导和激发员工主动发现问题，动脑筋想办法及时解决问题，快速提升他们的意识和能力。

在许多企业里经常发生这样的情况：管理者和间接部门员工（以职员为主）总觉得自己学问比一线员工高，能力比一线员工强，甚至利用手中的资源掌控权，以制度的名义给创造价值的部门和一线员工设置障碍，其结果是阻碍人们创造价值。比如，员工想做某项改进，需要购买一个小备件，申购多时却得不到审批，极大地伤害一线员工参与改善的积极性……类似的情况不在少数。在这些人看来，要是没有自己签字同意或授权的话，一线员工估计什么也做不成，以此证明自己存在的价值，这是十分错误的。

在这些企业里要特别强调"管理以现场为中心"的重要意义，并从最高领导开始，身体力行地落实"以现场为中心"的原则，并逐步形成管理者和间接部门职员关注现场和积极服务现场（一线员工）的良好管理风尚。

六、现场力就是竞争力

现场力，就是现场员工维持和改善的能力，现场力是感动客户、营销客户的关键力量。所以我们主张，要眼睛盯着市场，功夫下在现场。

记得在辅导富士施乐几年后的一天，董事长稻垣先生特别就一件事感谢我，他说：谢谢我和3A团队，通过数年全员参与的精益改善，已经打造出一支能征善战的现场力量。这支力量以一线主管和班组长为代表，他们应对突发问题和解决慢性问题的能力，得到了极大地提高。最客观的标志是，各个部门的部门长不再是管理和解决现场问题的主角，所以管理层可以随时出远门，不再胆战心惊，对管理层进行岗位轮换，也不再犹豫不决。

在现场主管、班组长的带领下，现场班组和员工不仅能够很好地完成日常工作任务，更重要的是，遇到问题，不再把问题上交，而是独立自主地发现和解决问题，做出各种各样的创新和改善。

不管是生产、物流、检查现场，还是研发或销售现场，都包括人、机、料、法、环等经营资源或生产要素。现场力的好与坏，主要由这些经营资源或生产要素的管理状态决定。比如，人的管理状态表现为三个等级，分别是他律、自律和精进。机的管理状态表现为三个等级，分别是故障、缺陷、完好。料的管理状态表现为三个等级，分别是保有、保管和保护。法的管理状态表现为三个等级，分别是方法、哲学和信仰。环的管理状态表现为三个等级，分别是混沌、秩序和化人。

只要企业的经营资源和现场的生产要素能够在精益实践中不断精进，企业就能够获得内在的竞争优势。所以，领导重视现场、关注现场固然重要，但更重要的是建设超越对手的现场力。在企业精益管理实践中，好的现场力可以发挥十分重要的作用。

第一，可以帮助企业维持良好的管理秩序。好的现场力能够让人、机、料、法、环等经营资源和生产要素保持好的状态。

第二，可以做到防微杜渐，防患未然。好的现场力可以通过解决现场的小微缺陷及发生源、困难源等问题，实现预防为主的管理，以便让管理层可以从烦琐的事务和"救火"工作中解放出来，利用更多时间改善那些与利润直接相关的重要课题。

第三，可以成为感动客户和营销客户的重要手段。企业可以用富含文化氛围的现场面貌感动客户；可以用富含精巧创意的改善案例启发客户；还可以让充满激情的广大员工影响客户。持续升级的现场力可以逐步打造出"处处有风景，人人是卖点"的具有营销力的企业。

七、精益主张全员参与

各种经营和管理问题普遍存在于生产、研发、营销和经营活动的所有方面。所以我们主张，人人有问题，人人要改善，精益主张全员参与。

世界上，持"结果至上"观点的人肯定不在少数，他们认为只要结果好，过程可以不问。此观点看似正确，但事实并非如此，我更愿意相信因果、科学和"谋事在人，成事在天"的古训。正确的思维应该是，只有遵循"结果导向，聚焦问题，行胜于言"的原则展开经营管理活动，好的结果才是可预期的，否则要想得到好结果，就要靠运气。

在总裁班课程里，我经常会问学员：你们在管理中都遇到过哪些问题？尽管回答五花八门，但出现频率最高的是：执行力太差、沟通不畅、职责不清、考核不到位、责任心不强等。我接着往下问：你们知道怎么解决这些问题吗？学员的回答是否定的。每当这个时候，我会接着说：你们解决不了的问题，我也解决不了。这样说，不是谦虚，而是事实。当然，解决不了的这个事实，并不妨碍我对这些问题的基本特征做一些分析。

第一，这类问题很难找到具体有效的解决办法。许多专家学者在讲授执行力、沟通等课程的时候，看似提出林林总总的办法，并辅以生活中生动的例子，学员也感觉听懂了。但当他们回到企业，遇到复杂管理问题的时候往往又被打回"原形"，不知所措。

第二，这类问题责任归属不清，没有人需要为此承担具体管理责任，更无须对此采取具体行动。尽管专家教授会说，执行力不好终究是老板的责任，管理者和员工感觉十分受用，老板也无可否认。但真正遇到某个年初约定或承诺的目标无法达成的时候，老板还是愿意认为，管理层和员工才是执行力不好的责任主体。

第三，这类问题在企业里普遍存在。即便在管理不错的企业里，老板大概照样会有执行力不好的感受，只是不满的程度较低而已。为什么人们乐于把管理不好的结果归因于执行力不好、沟通不畅等形而上的问题上呢？我猜想有这样几个理由：一是这样的解释听起来时髦上档次，二是不会得罪人，三是自己无须负责任。

可见，执行力不好、沟通不畅等只是对诸多具体问题的一种形而上的表述，是对管理不好的一种抱怨或感觉，甚至是"借口"而已，不是真问题，是伪问题。

与伪问题对应的是真问题，简称为问题。所谓问题，就是现状和基准（目标）之间的差距。识别问题必须同时具备两个要件，一是有基准或目标，二是能看到现状。没有基准或目标，通常就没有问题；看不到现状，也就看不到问题。

管理中的问题有很多，企业经营利润逐年下降，与经营者期望的持续增长目标背道而驰，是问题；设计变更错误多，造成呆滞料 300 万元，是问题；预算管理精度低，符合率不足 30%，是问题；水龙头坏了没人修理，是问题……可见，真问题和伪问题的表述是完全不同的。真问题的共性特点有三：第一，它是管理不好的客观事实，存在于管理现场，可具体识别和把握；第二，它通常可以找到有针对性的解决方案，即便一时找不到，也是因为认知和智慧不够造成的；第三，它有明确的责任主体，只要你能提出真问题，总会有人不得不直面真问题。

有趣的是，伪问题和真问题之间除了区别之外，又有密切的关联性。问题越多、越严重的企业，人们对伪问题（**执行力不好、沟通不畅等**）的抱怨越强烈，反之亦然。所以，要想缓解人们对伪问题的抱怨程度，可以通过动员员工主动发现问题，动脑筋想办法解决问题来实现。而花钱请专家教授讲解执行力、沟通等课程，试图解决问题，是做不到的。

发现问题需要问题意识，问题意识不是与生俱来的，而是后天培养的结果。当管理者发现员工看不到问题，或者说没有问题意识的时候，请不要简单地抱怨，而要认真反思自己在员工培养方面做得不够。其实，企业领导培养员工问题意识，说到底就是做两件事，一是通过言传身教，在员工心里埋下基准或目标的种子，二是想方设法激发员工主动观察和积极面对现状的意愿。

总之，培养员工问题意识，并在此基础上推动问题的具体解决，要比做执行力、沟通、意识等培训强上一千倍、一万倍。

八、激发问题所有者自主解决问题

问题是有所有权的,侵犯问题的所有权是令人不快的伤自尊行为。最好的做法是,尊重问题的所有者,设法引导和激发问题的所有者自主解决问题。

1. 管理者为什么累而无功

在企业,特别是制造型企业管理实践中,经常会遇到各种各样的问题,有订单交不了货,丧失销售机会;品质问题频发,失败成本高企;现场管理混乱,有损企业形象;效率提升缓慢,盈利越来越难;还有材料损耗、工装夹具损耗、水电气浪费、工伤事故、员工不满、部门争执、人浮于事等,而且感觉这些问题层出不穷,防不胜防。

由于职业的缘故,我认识许多敬业勤勉的老板和管理者,面对这样的管理现实,他们几乎没有休息地天天泡在工厂,亲力亲为解决各种问题,为的是让企业能够正常运转。可是,不管老板和管理者怎么尽心尽力,总是觉得力不从心,甚至身心疲惫。为此,他们共同的抱怨是:做制造实在太累了!

果真如此吗?回答是否定的。在激烈的市场竞争中,做哪一行都不容易，都需要企业经营管理者付出智慧和努力。他们之所以感觉做制造累，而且累而无功，主要在于企业里解决问题的效率极其低下，同样的问题会一而再，再而三地发生。为什么会这样呢？根据我的经验，可以总结为以下三个方面的原因。

第一，企业绝大多数问题是事后解决。在企业里，防患未然的思想大多只停留在口头上，在实践中本着预防为主、未雨绸缪的思维，从源头开始解决问题的行动少之又少，更谈不上更高水平的系统分析问题和协同解决问题了。事后型解决问题，不但使解决问题的难度加大，还需要耗费更多的经营管理资源。

第二，企业员工缺少解决问题的训练。正因如此，解决问题成了只有少数人会做的高难度动作。绝大多数员工只能在不断犯错中学习，被动解决问题，不仅"学费（失败成本）"高昂，而且解决问题的经验不能沉淀，无法扩散和传承。事实上，解决问题是一门管理技术，它有科学的逻辑和方法。只要对员工进行解决问题的训练，并辅以诸如5S、IE、6Sigma、TPM等各种解决问题的思想和方法的培训，解决问题的过程就可以变得简单，可复制。

第三，企业缺少一整套解决问题的机制。一般情况下，面对企业出现的问题，只有老板及少数管理者关注，并即兴式地参与问题的解决。某日，老板在现场发现了一个问题，把当事人批评或训斥一通，问题解决了；三天之后，再到现场，又发现了三个同样或类似的问题，这回批评或训斥了三个人，三个问题解决了；几天之后，又到现场，可能又发现了更多同样或类似的问题……这样重复次数多了之后，再敬业勤勉的老板和管理者也会迟疑和妥协，慢慢地会放弃进一步的努力，甚至还会为自己的妥协或无能为力找到很好的理由：员工素养不高，团队执行力低下等。

2. 构建全覆盖解决问题的机制

丰田、三星、理光等优秀企业的实践经验表明，要想把制造管理做简单，就必须学习和实践精益管理，并逐步构建起全覆盖解决问题的机制。

针对重要且紧急的问题，比如生产线停线、设备故障、人身事故、各类灾害等发生的时候，需要有一个及时解决问题的机制来应对。为此，企业可以规划和运营一个称为"即时、即日品质会议"的解决问题机制，即在发生这些问题的当下，各有关部门管理者必须快速到达发生问题的现场并召开即时品质会议，对问题进行快速处置，以便及时恢复生产和秩序。然后，在每天下午召开的即日品质会议上商讨问题的延伸处理或再发防止改善。即日品质会议在指定地点和约定时间（如四点半到五点半之间）召开，可以由生产管理部门或品质部门主持，与生产相关的所有部门的经理或主管参加，无须另行召集。在即日品质会议上，大家具体商讨与生产相关的一切紧迫的问题，有问题解决问题，没有问题碰头交流即可。

针对重要但不紧急的问题，如成本高企、库存太多、效率不高、产品慢性不良及交货延迟等，由于通常没有很高的紧迫性，企业往往关注不够，着力不多。放任这类问题，就好比温水煮青蛙，其结果是等到经营环境（利润空间）急剧恶化之时，想改善但可能为时已晚。正确的做法是，构建一个"课题改善"的活动机制来持续地解决这类问题。具体地说，要在企业内把优秀的员工组织起来，成立课题小组，在组长的带领下，按照 PDCA 循环的要求，有计划、有步骤地解决问题。这项活动需要有专人推动，可以全面提升效率、品质、交货、成本和安全等方面的过程管理水平。

针对生产一线的管理问题，比如现场环境、5S问题、设备工具管理问题及现场管控问题等，需要推动一个称为"自主管理"的活动机制来系统解决。所谓自主管理活动，就是以一线班组为单位持续开展现场管理上台阶活动。具体地，需要企业科学规划自主管理由易及难、由低到高的各个改善阶段的活动内容（重点查找和解决哪类问题）、活动目标（解决多少或解决到什么程度），然后引导现场员工在班组长的带领下识别问题，动脑筋想办法解决问题。持续推进这项活动，不仅能够持续提升现场管理水平，还能够培养具有良好意识和能力的一线员工及团队。

针对其他散落在企业内的大小问题，还要有一个解决问题的机制来支持，这就是员工提案活动。激活员工提案活动，不仅可以在问题刚刚露头的时候就予以扑灭，还可以极大地改善员工士气，提高员工积极性。

充分运营以上各个解决问题的机制，企业可以乐见一个精益管理的高境界，那就是全员参与。这些精益解决问题的机制，不仅利于问题的系统解决，更重要的意义在于提升管理者、员工的成长。所以我常说，企业绩效提升和精益管理的落脚点要明确，那就是员工的成长，要影响他们、启发他们，促进他们参与，提升他们的意识和能力。

九、人造环境，环境育人

为了培养员工改善变革之心，从改变行动开始比从改变观念开始更有效。因为行动变，结果变，然后观念变，坚持下去，最后习惯就会变。正所谓人造环境，环境育人。

对比不同企业的精益改善后我们发现，不同企业的员工参与程度不同，所收获的改善成果也不同。员工的参与程度是员工改善变革之心的外在表现。因此，如何培养员工改善变革之心十分重要，是精益改善能否获得成功的关键。

改变一个人的观念很难，改变一个团队的观念更是难上加难。关于促进变革和改善的思考有许多，以下是对三种培养改善变革之心的思维进行对比分析，以便企业从中找出最高效的办法。

第一种是培训学习先行的思维。这是最具代表性的思维，即管理培训→学习吸收→改善变革，然后收获成果。改革开放以来，国内绝大多数企业基本上走的就是这条路。企业花钱把专家请进来培训，或者付费把员工送出去学习，做了大量的功课，为的是管理者和员工能够学以致用，并通过积极行动收获改善革新成果。

但事实证明，通过管理培训和学习吸收，能够让管理者和员工拥有改善变革之心的情况少之又少，转化率很低。即便有少数员工因为管理培训获得了改善变革之心，甚至尝试采取改善革新行动，也会因为势单力薄、孤掌难鸣和各种阻碍而慢慢消沉下来。可见，这种做法投入大，成本高，收效甚微。

有一家企业，为了提升管理水平，在企业内组建了高、中、低三个管理学习班，请了许多专家教授讲学，花了不少经费。可是两年之后，管理一切照旧，更不能奢望收获改善革新成果了。最终企业高层找到了我们，专家顾问通过调研发现，那些经历了两年管理培训的成员确实懂得了许多管理思想，掌握了许多管理工具或方法，但是他们并没有把学到的知识运用到管理中。甚至，他们还因为学到了许多理论知识而倍感骄傲，非但没有反省自己不能学以致用的责任，还把矛头指向一线员工，认为管理水平不能提升是员工素养和能力太差。

第二种是目睹问题先行的思维。这种思维的逻辑是目睹问题→感受压力→改善变革，然后收获改善革新成果。显然，这种思维要比前一种思维更接地气，更有可能取得成果。通过把问题展示出来，让管理者和员工目睹问题，通常会唤起他们想改变现状或挑战目标的热情。只要引导得当，培养他们改善革新之心，促使他们采取改善革新行动是有可能的。

事实也是如此，有些企业把各种管理问题张贴在管理看板上，要求相关责任人限期解决问题。只要高层领导力过硬，往往这些问题会得到较快、较好的解决，收获一些改善革新成果。还有些企业领导善于采用走动式管理，在各管理现场指出存在的问题，要求相关部门责任人记录并跟进问题的解决，也能收到相应的改善革新效果。

当然，这种一事一议做法的结果是，缺乏系统推进，改善革新效率较低，与企业领导的全情付出相比，显然"转化率"或"性价比"不高。当然，也有企业采取了更聪明的做法，聘请一批 IE 人才，要求他们每天到现场发现问题，直接参与解决问题或督促相关责任人解决问题。正所谓，让专业的人做专业的事，这样既可以省去企业领导亲力亲为，还能够放大解决问题的规模，理应收获更多的改善革新成果。

但新的问题又来了，这种工作模式通常会带来员工的反感甚至抵触，因为员工自己的问题每天被别人指指点点，确实会有被冒犯的感觉，是十分不体面和伤自尊的事情。

我就接触过这样一个案例。某企业领导认为现场改善革新速度不够快，为了加快步伐，从外部请了一位经验非常丰富的 IE 专家，授权他在企业范围内找问题并督促员工改善。他技术精湛，总能敏锐地看到各种浪费，他又十分敬业，对员工的督促毫不留情，一时间革新改善进度确实很快。但是好景不长，有一天员工聚众罢工，问其缘由，回答是"这位 IE 专家很厉害，干脆让他一个人把所有事情都做了"。为了平息事态，老板不得已忍痛割爱，把这位敬业的 IE 专家辞掉了。

类似的情况可能在许多企业里面重复发生着。

第三种是行动体验先行的思维。经过长期的顾问实践，我们提出了一种全新的改善革新之心培养模式，即行动体验→收获自信→改善变革，然后收获改善革新成果。经过多年实践检验，我们发现这个模式在培养改善革新之心和促进员工参与方面十分有效，而且气氛快乐、和谐，可持续。与前两种思维相比，这是一种转化率最高的改善变革之心培养模式。

第二种模式是从展示并让员工目睹问题开始，而我们倡导的模式却是从动员员工体验发现问题和动手解决问题开始，出发点不同，收获的成果也大不相同，大致的做法如下。

首先，选取某一类（而不是某一个）与员工当前的意识和能力相匹配的问题，制作识别、记录和解决此类问题的实用教材。在改善革新之初，通常选取诸如整理整顿或布局调整等简单的问题比较合适。其次，针对所选类别的问题，对员工进行细致的解说和讲解，并确认相关员工真正理解如何识别和解决此类问题。再次，具体辅导这些员工识别、记录和解决所选类别的问题，并手把手指导他们用指定格式把改善革新成果进行总结。最后，让员工代表就一些有典型意义的事例进行发表讲解，接受企业领导和同事的检阅和喝彩。

这样做的好处是显而易见的，我们始终把员工看作现场的主人，是识别问题和解决问题的主体，变被动解决问题为主动解决问题。通过让员工亲身体验识别问题和解决问题的过程，不仅有利于员工意识和能力的提升，更重要的是可以帮助员工尽快树立改善与变革的信心和兴趣。

如此循环往复，企业可以不断升级问题的广度和难度，持续提升员工识别问题、解决问题的意识和能力，并逐步培养优秀的改善革新文化。

我们辅导深圳一家世界500强企业的工厂做精益改善，为了提升某生产线的生产效率，我们按照以上步骤展开工作。第一步，我们结合这条生产线的特点和浪费问题，制作了一份简单易懂的、关于动作分析和效率提升的学习资料。第二步，我们对生产线80多名作业员工进行了一次集中培训，用录像和图解等方式细致讲解工序分解、动作分析及消除浪费的事例和方法。与此同时，我们还对效率提升工作进行了动员，建议大家来一次识别浪费和消除浪费的竞赛，看谁做得好、做得快。第三步，我们给每位员工发了一份工序动作分解分析表，动员每位员工如实记录自己工序的每一个动作及动作时间。第四步，所有员工在约定时间内积极提出并具体实施减少乃至消除浪费的改善。

用了不到 4 个月的时间，这条生产线效率竟然提升了近 40%，受到了企业高层的高度赞扬。从此之后，这条生产线的员工信心和兴趣倍增，改善革新之心被完全点燃，成了企业内改善革新活动的标杆。

我们根据以上分析得出结论，采用第三种方式让管理者和员工亲身体验解决问题的过程，要比培训学习和目睹问题更能激起员工改变的愿望，更能培养员工改善变革之心。动员管理者和员工采取行动，从改变身边的环境开始，进行改善；管理者和员工看到环境因行动而改变，逐步树立起行动的信心和兴趣，观念随之改变；持续采取行动，管理者和员工就会慢慢形成改善、创新的习惯。

十、以"穷人思维",实现"富人循环"

既要以"穷人思维"和节俭态度消除浪费,又要像"富人"那样,让团队拥有富余的资源和时间,引导他们投入这些富余进行改善创新,以便创造出更多的富余,实现富人循环。

所谓"穷人思维",是指一种视浪费为恶、视节俭为美,并努力消除浪费的态度和行动。但是,在管理实践中,人们错误地理解了"穷人思维"的内涵,以为"穷人思维"就是无限压榨现场部门。殊不知,这种错误的认识会带来十分严重的后果,让现场部门越来越"穷",不得翻身。这里"穷"的意思是资源不足、工作艰难,而在顾问实践中,我们经常看到现场十分"贫穷"的现象。现场的管理者常常抱怨,因为疲于应对每天的工作和现场随时发生的问题,所以根本就没时间进行改善;工作太忙,没有时间做5S。针对这类抱怨,如果不加研究,就可能得出对方是在找借口的结论。如果用心观察,就会发现这是许多工厂存在的现实。

① 他们的任务通常是硬性的,比如每一天的生产数量。
② 他们不掌控企业资源,没有选择和支配资源的权力。

③得不到企业高层或其他部门足够的服务和支持。

工厂的现场部门主要指生产制造和物流部门，有时候也包括销售及设计部门等。与现场部门对应的是间接部门，如人事、行政和财务等部门。看得出来，现场部门对企业资源的控制较少，而间接部门往往掌控着企业重要的经营资源。如果间接部门错误地把掌控资源的职能理解为权力，不难想象这些部门就会高高在上，而"贫穷"的现场部却要看他们的脸色行事，处处受制于间接部门的监督和管理。

工厂管理的问题集中发生在现场部门，现场部门的管理者往往忙于应对不断出现的问题，因此显得处处被动，而且还要接受每月一次的考核，现场部门很容易落入每况愈下的恶性循环，以至于变得越来越"贫穷"！

有一家规模不小的企业，老板拥有良好的客户关系，生意越做越大，可是生产部经理却换了一个又一个，没有一个经理能够做满一年，他们或者承受不了压力自己离开，或者满足不了老板的期望被要求离开。我们问其原因，这位老板的回答是，这些经理或者承受力太差，或者能力不足。经过了解，我们宁愿相信现任生产经理的说法：在这家企业做生产部经理很不容易，产能严重不足，每天加班三个多小时，从来没人帮你，而且那些有权力的部门还处处为难你，做得很累。在我看来，这家企业的生产部门已经成了名副其实的"穷人"。

这样的情况在制造型企业，特别是民营企业里普遍存在。

所以得出一个结论，如果没有外力帮助，或者不调整管理策略，"贫穷"的部门是很难走出"贫穷"的。那么，要让"穷人"成为"富人"，最快捷的方法是让"贫穷"的人暂时成为"有钱人"。把这个理论运用于工厂的现场管理，情况又会怎样呢？

　　精益主张消除一切浪费，这显然是一种"穷人思维"。企业管理者始终将自身定位为"穷人"是有重要意义的，目的是在团队内培养勤劳、奋斗和谦虚、节俭的良好风尚，杜绝懈怠和骄傲。当然，只有"穷人思维"是不够的，必须巧妙地实现"富人循环"，以便促进企业可持续发展。

　　向员工灌输不断追求精益的思想，并期望员工积极参与改善，消除管理中的一切浪费和提升经营业绩的愿望是好的，但是实际情况是，销售、研发、生产一线及供应商等被管理者任意压榨，使得他们真的像"穷人"一样"穷困潦倒"，没有任何富余的时间、人力、物力或财力进行管理改善，以致于通过改善提升管理水平的良好愿望成了镜中花，水中月。

　　可见，管理者的改善哲学应该是，既要拥有"穷人思维"，还要大方地让销售、研发和生产一线拥有一定的"富余"资源，并通过引导他们投入这些"富余"进行管理改善，以便获取比"富余"更大的改善收益；大方地让供应商保有适当的"富余"（利润空间），并通过投入这些"富余"进行管理改善，以便把整个供应链做强，获得更大的发展空间。

　　有一个很好的例子可以说明实现"富人循环"的重要意义。某条生产线设计100人每天工作8小时可完成100台的生产任务。多数"聪明"的管理者会考虑投入80人，每天工作不少于10小时（*每天加班2小时以上*）来完成100台的生产任务，以为这样效率最高，而事实却往往走向反面。因为在这种超负荷规划的情况下，如果出现诸如设备停机、不良、物料延迟等异常情况时，生产节奏将被彻底打乱，或者需要安排更多的加班应对产品交付，或者直接拖延产品交付，造成各种无法预料的损失。企业高层再怎么要求生产线进行改善，生产线也将无能为力，在"穷人"的泥潭里越陷越深，正所谓"欲速则不达"。

拥有精益智慧的管理者会按标准投入 100 人来完成 100 台的生产任务，把其中的 90 人配置到生产线上，把 10 人作为"富余"投入精益改善。在这种情况下，即便出现各种异常，只要加班 1～2 小时，即可保障生产任务的完成。与此同时，投入改善的 10 人每天研究产线效率改善方法，一段时间之后，80 人即可完成从前 90 人的产出，此时可省出 10 人。又过了一段时间，70 人即可完成从前 80 人的产出，此时又可省出 10 人……如此这般"富人循环"下去，以更少的人员就可以轻松完成约定的生产任务，这样做既可以实现对客户订单的准时交付，还可以进行持续改善，为企业带来高收益。

可见，在经营环境日益恶化的今天，企业管理者拥有"穷人思维"并不难，难的是大方地给予销售、设计、生产等一线部门及供应商等相关方以适当的"富余"，以便实现管理和改善中的"富人循环"。

在顾问实践中，我们更多地看到企业采用了截然不同的做法。

某电子产品生产企业受市场降价压力影响，已经形成了一个习惯，那就是"压迫"生产线超负荷运行，对生产线施加 120%，甚至更高的负荷，同时约定如果超产将给予奖励。在这种情况下，负荷与能力之间很容易会失去平衡。一旦出现人员变动，机械故障或原材料延迟等情况时，生产线就会出现混乱。为了把产量追回来，又要进行更多的对策，比如安排长时间加班，需要付出加班费等，从而造成更多的浪费。一开始就对生产线施加 100%

或以上负荷的做法，因为压缩了可供使用的改善时间，不仅会因此付出更多代价，比如需要付出加班费、超产时需要付出奖金、品质出问题了需要赔偿客户，而且使得管理在低水平徘徊，管理经验没有积累，我们把这个循环称为"穷人循环"。

可见，"富人循环"是优选方案。但要实现"富人循环"，还需要具备以下三大条件。

第一，企业领导要有清醒正确的认识，用自己的权威压榨现场部门是不明智的。当领导看到现场部门的管理者很无奈，无精打采，或者自暴自弃的时候，就要研究一下是否是自己的管理出了问题。要想改变这种状况，企业高层领导必须接受生产线拥有一定富余的现实。当然，要老板或经营者接受这样一个现实是相当不容易的，而且是一件十分痛苦的事情。在我们提供顾问服务的客户里，就有人提出过类似的疑问：请顾问本来就是为了降低成本，你们还要提出增加改善人员，那不是矛盾了吗？每当这个时候，我们只能苦口婆心地告诉他，今天追加改善人员，是为了明天、后天获得更大的收益……

第二，必须满足另外一个重要条件，那就是现场必须拥有改善能力或开始学习改善方法。现场管理者必须懂得一个道理，富余的时间不能在"无为"（*聊天、发呆或其他无所事事的状态*）中度过，必须利用富余的时间进行改善或学习改善的方法。我们经常看到这样的现象，员工无所事事，问经理或主管这是怎么回事？他会告诉我们：今天的生产任务已经完成了，所以员工等着下班。意思是说，只要完成当天的生产任务，就可以万事大吉了。这是十分错误的认识。管理者应该清醒地认识到，员工在工作时间内通常只应该有三种状态：第一种是紧张有序地工作；第二种是为工作做准备，如 5S、设备点检等；第三种是进行工作改善及为改善所进行的学习活动。

　　第三，不会因为改善而失去自己的工作。一个正常经营和成长的企业，不应该因为改善提高了效率，而轻易地做出裁员的决定。这是一个关乎人力资源战略的重要问题。许多老板错误地认为，企业和员工之间就是简单的雇佣关系，在这种意识的主导下，不需要员工就轻易解雇，需要的时候再火急火燎地去招聘。我一直告诉企业的管理者，当做出裁员决定的时候，仅仅考虑那些被裁员对象的感受是远远不够的，更重要的是要关注留下来的员工的感受。当一个员工知道改善了之后自己也将被裁员的话，他是提不起改善兴趣的。

3
Chapter

七大育人机制

一、战略管理与"利润经营机制"

某田径运动员成功之后，专家学者从不同角度对他进行了研究分析，并提出了各种学说，其中就有专家找到了背后的规律，发现起到关键作用的是"360度雷达测速法"。专家指出，通过导入这套方法，并辅以相应的奖罚措施，可以极大地调动运动员的主观能动性，提高运动员成绩。一时间，各运动队纷纷花钱请专家，引进"360度雷达测速法"。几年后，却发现运动队的成绩并没有因此提高，运动队管理者开始议论纷纷，始终没有搞清楚到底是这套工具出了问题，还是自己没有用好这套工具。

这个故事告诉人们，对于一个运动队的成绩来说，绩效考核（测速）并不重要，重要的是教练组和运动员共同努力，科学规划训练方案，对照要求艰苦训练，还要对训练过程进行不断改善。

把以上故事套用在企业绩效经营上，人们同样可以得出一个结论：绩效考核和奖罚制度并不重要，重要的是企业高层主导的利润经营活动和企业员工参与的绩效改善活动。把企业利润提升的愿望寄托在绩效考核上是十分错误的。

所谓利润经营活动，是企业高层进行企业经营、推动企业向前发展的重要抓手，是企业内最大的 PDCA 改善循环。这项活动可以形象地用"理念和算盘"两个关键词来进行表达。在利润经营活动中，理念和算盘是相辅相成的一个整体，具体包括以下四项重要工作。

第一项重要工作：制定经营战略规划。这项工作具体内容包括：制定企业经营目标、哲学理念，规划经营战略，定义重点课题，并通过研讨会、发布会和培训会等形式进行宣传贯彻，以达到团队统一意志的目的。为了促进员工对公司价值理念的认同，还可以要求员工诵读经营目标和哲学理念，其中经营战略规划是每年都要做的常规性工作。一般来说，人们可以从三个维度来规划企业经营战略。第一个是企业规模成长维度，讲究做大，需要从产品、市场、客户和模式方面出发，定义规模增长的战略方向；第二个是供应链能力建设维度，讲究做强，需要从研发、生产和营销等关键环节出发，定义重点发展战略方向；第三个是资源效率提升维度，讲究做精，需要从质量、效率、成本、交付和安全等方面出发，定义改善提升的战略方向。人们需要把每一个战略分解为若干个重点课题，为制订经营计划提供依据。战略规划是一个需要缜密思考和逻辑推导的过程，是企业经营的重要环节。

第二项重要工作：制订利润经营计划。企业高层负责制订并发布利润经营计划，通过这个计划向公司各部门进行职能授权，明确指出各部门在战略落地过程中的重点目标、重点课题和重点任务。与此同时，还要指导各部门管理者找出达成部门目标的具体改善措施，并通过制订部门实施计划把改善措施的具体责任落实到员工个人，进行责任授权。有条件的企业还可以由经营革新部门或总经理办公室主导，制作一份绩效施工图，把提升利润的总目标与员工具体的改善行动连接起来，使提升利润的活动成为一项看得见、摸得着、可管控的施工工程。为了做好经营计划工作，除了学好用好利润经营计划、部门实施计划和绩效施工图等工具方法外，更重要的是懂得战略方向、重点课题和改善措施之间的逻辑递进关系，了解职能授权和责任授权的具体含义。

第三项重要工作：导入和运营经营会计。让各级管理者学会经营会计、学会制作部门利润表，并从利润表中找出影响部门利润的关键因子，以便进行针对性改善。传统的财务会计报表存在许多不足：一是迟到的结果，经常是次月的中下旬出上一个月的报表，即便发现问题，也只能做事后解决，失去了解决问题的最佳时机。二是由于应收款、应付款及库存积压货款的影响，传统利润表并不能很好地反映经营实况，缺少现金支撑。三是成本数据有打包处理的倾向，以致于经营管理者对成本数据认识不足，麻木不仁。

导入经营会计，需要具体定义核算单位主体、决定核算单位主体之间的交易价格、规范核算会计科目等，并需要按照统一格式制作经营会计利润表。经营会计利润表既可以做成月报表，也可以做成周报表或日报表。数据管理做得好的企业，可以尝试做成日报表，以便看到当天的经营状况。导入经营会计主要有三项好处：一是可以及时发现经营中的问题，看清影响利润的具体因素，以便及时采取对策和进行改善；二是有利于团队实现有现金流支撑的实力经营；三是有利于培养团队强烈的利润经营和成本管控意识，聚合团队力量，促进部门协同，朝着同一个目标努力。

第四项重要工作：月度质询和辅导。认真做好这项工作，不仅可以促进经营战略有效落实，还可以极大地提升管理者和骨干员工的意识和能力。具体办法是，由经营革新部或总经理办公室负责召集月度质询辅导会。会议包含两个重点内容，一是由部门负责人和骨干员工基于月度总结报告和经营会计利润表，向企业领导进行口头报告；二是由领导对部门工作进行激励、点评、协调和指导。

月度质询辅导会可以带来的价值有很多，比如给部门管理者实施辅导，为部门实现目标提供必要的资源支持；可以帮助协调部门之间的关系，为实现目标创造良好条件；通过面对面沟通，肯定成绩，让有成果的部门管理者和员工体会成就感，给后进部门施加正面压力；可以指出不足并指导改进方向，设法让部门管理者和员工保持激情，并愿意付诸积极的改善行动。

月度质询辅导一定要开小会，不要开大会，原因在于开小会有很多好处：可以敞开心扉讲真话，免除官话、套话；可以放下面子，展开批评和自我批评；可以深入探讨，刨根问底，提高解决问题的效率；必要的时候，还可以邀请相关部门管理者共同参与，进行工作协调。

除了月度质询辅导会之外，为了营造部门间良性的竞争氛围，还可以打造一间"企业指标室"，把各部门的重要目标、指标、改善行动和改善成果等内容集中展示出来，并通过有领导参加的讲评会等形式，让团队感受成就感和压力。

利润经营活动被誉为"管理中的管理""经营中的经营"，在企业里有着不可替代的重要作用，做得好的话可以起着四两拨千斤的作用。只要用心在利润经营活动中付出努力，就一定能够获得超越期望的可喜成果。

据我观察，圣奥集团倪良正董事长是"利润经营机制"的最佳实践者，十多年如一日，他以高度的"匠心"和"自觉"对待这项工作，收获了巨大的经营成果。毫不夸张地说，圣奥集团能在行业内获得超然的地位，与倪董事长在利润经营上的付出是分不开的，值得各行各业的大中型企业效仿、学习和借鉴。

二、效益提升与"绩效大课题机制"

2017年春，我来到位于江西省鹰潭市的江西水晶光电有限公司（以下简称水晶光电），参加一年一度的改善发表暨新年度精益管理启动大会。有两项活动十分隆重，一个是上年度绩效大课题活动颁奖，近百人上台领奖，有金、银、铜奖多名，有鼓励奖数十名，还有进步空间最大奖。另一个是新年度绩效大课题授牌，也是近百人上台，几乎包括所有干部和骨干员工。董事长及相关领导上台，把装裱好的绩效大课题申请书颁授给课题申请人，令与会的林董事长感触很深，他告诉我这样的仪式可以极大地激励团队向上，效果很好！

水晶光电是一家上市企业，很生动地把每年的绩效大课题活动命名为"百题大战"，极大地提升课题改善活动的格调、深度和广度，效果显著。每年上百个课题，覆盖企业经营的方方面面。所有课题组长，从年初开始就肩负着一份沉甸甸的责任，中途还会有人推动他、辅导他，这是一股极其美妙而强大的改善力量。水晶光电仅仅靠改善活动，每年就能获得丰厚的利润增量。

绩效大课题改善活动要聚焦企业重要问题，把部门或跨部门的精英员工组织起来，开展有组织的革新改善活动。这样做的好处是显而易见的，不仅能极大地提升企业经营效益，还能打破部门壁垒，提升团队意识和能力。在精益管理过程中，这是一项最能给企业带来财务效益的改善活动，对于树立团队信心十分有效，企业领导要给予重点关注。为了更好地推进这项改善活动，企业要做好三方面工作：科学定义改善课题；学习和训练课题改善方法和技术；做好课题改善项目管理工作。

科学定义改善课题。根据我多年的实践经验，可从多个不同角度科学定义绩效大课题。比如，可以从客户需求出发，减少客诉、改善交付、优化服务等可成为很好的外向型改善课题。再比如，从领导期望出发，提升效率、降低成本、提升销量或利润等就是很好的经营型改善课题。又比如，从部门关键KPI指标出发，可以找出大量很好的管理型改善课题。总之，绩效大课题可以涉及销量、利润、成本、质量、效率、交期、安全、环境和人才培养等企业经营管理的各个方面。

学习和训练课题改善方法和技术。任何课题的改善都是一个PDCA循环。本着改善方法简单可复制、保障课题改善有成效的目的，把PDCA循环进行细化，最后标准化为课题改善八步法。八步法目的只有一个，即让课题改善过程的里程碑清晰可控，有利于对过程的管控、成果的保障和人才的培养。

课题改善有八个步骤。第一个步骤，要讲清楚选择课题的理由和背景。如果能把课题改善和企业利润增长或企业战略连接起来，就可以很好地激励团队，让团队每一个人都知道课题改善的重要意义，使改善活动更富使命感。第二个步骤，制订行动计划和制定行动目标，对整个课题活动的时间节点和目标里程碑提出要求，进行约定，以便对课题改善进行项目进度管理。第三个步骤，现状调查和原因分析，清晰展现问题的状况，然后对造成这种现状的原因进行具体分析，找出真因。第四个步骤，基于分析结果并通过逻辑推导等，导出改善对策方案。第五个步骤，制订改善实施计划，把改善措施分配落实到人，并具体约定完成的时间和应做到的程度。第六个步骤，改善对策的实施。在这个阶段，要注意对改善行动和过程进行必要的记录，留下改善痕迹，有利于活动和行动的示范和推广。第七个步骤，改善成果和效果的确认。在确认成果和效果规模的同时，要确认效果的可靠性和持续性。第八个步骤，防范措施的标准化和未来运营的标准化。经过标准化处理的八个步骤逻辑清晰，是可以进行工业化复制的。所以，借助于八步法改善过程训练，可以培养员工工业化思维，提升他们解决问题的能力。

有人问我，很多课题凭经验就可以简单得出结论，何必非要走完这八个步骤呢。答案很简单，一方面，经验不一定正确，依赖经验不可取。另一方面，坚持走完八个步骤，有利于提升员工逻辑思维和归纳总结的能力。所以初学者一定要按部就班，严格按照八步法要求进行改善，不得敷衍。在开始学习课题改善的时候，一定要坚持由简入繁的原则，每一步都要认真做，且做到位。等到熟练掌握了八步法推进技巧后，就可以迈向另一个高度，由繁及简，融会贯通。有一种课题总结方法叫 A3 报告，其实就是八步法的简化版。

做好课题改善项目管理工作。据了解，许多企业尝试过开展课题改善活动，但多数时候都收效甚微，而且不了了之。管理者一般的说辞是工作太忙，没有时间。如何化解课题改善遇到的各种阻力，促进精英员工积极参与，我团队开发出了许多优秀的项目管理方法。比如，使用重要节点管控制度，可以从以下四个方面入手：一是年初要求所有骨干员工自主提出课题申请，然后由改善推进部门确认课题的可行性和必要性，确认完毕后由部门和企业领导签字认可；二是年初举办课题授牌仪式，由企业最高领导向骨干员工授牌，并辅以宣誓等形式和内容，营造一种不得不做的氛围和局面，与许多企业签署目标责任状的做法相比，课题授牌仪式显然更有意义，更能保障活动取得成效；三是由推进部门指定专人进行项目督导，当项目进度延迟或停滞时，可以增加高层领导出席的督导环节；四是半年或一年进行一次课题发表和项目表彰活动，如果企业里的骨干员工都可以参与到这项改善活动中来，想企业领导所想，急企业领导所急，可极大地提升企业经营效益。

经常有人问我，为什么那些世界500强企业规模那么大，总能激发员工努力工作，这是怎么做到的？其原因在于，他们会通过类似上面的项目管理机制，把关键工作或战略目标通过绩效大课题的形式全部授权给骨干员工，然后通过对项目进行督导，帮助课题小组实现目标。课题目标实现了，企业的目标也就实现了。

三、士气激发与"个人微创新机制"

员工微创新提案活动的目的是促进员工广泛参与，充分调动员工积极性。

微创新提案活动就是通过制度化的奖励措施，引导并激励企业全体员工关注身边的中小微问题，并自主解决这些问题。为了简化表达，可以把微创新提案活动简称为提案活动。持续推进提案活动，一方面可以培养员工责任担当、主人翁精神和"反求诸己"的内求意识，另一方面可以激活团队士气，提高员工积极性。

因此，员工参与程度高低是评价这项活动成败的关键，具体用两个指标来衡量：一个是人均提案数量越多越好，追求人均每月1件以上；另一个是员工参与率水平越高越好，追求100%。

除此之外，可能有人会问这项活动的经济价值如何？根据经验，尽管绝大多数员工提案解决的是一些小微问题，经济价值不大，但对所有提案进行综合评估的话，企业所能获得的财务效果可以达到提案奖金的 30～50 倍。因此，没有必要对每一个提案进行严苛的价值评估。对于员工提案活动，可以分三个部分进行解读：提案活动是什么，如何进行管理？为什么导入提案活动的企业很多，但成功的企业却很少？如何调动员工参与提案活动的积极性？下面对各部分给予详细阐述。

提案活动是什么，如何进行管理？员工提案活动是企业通过制度化的奖励措施，引导和激励员工积极主动地提出并实施任何有利于改善企业经营绩效、提高企业管理水平的改善建议、创新方案和发明创造的管理活动。员工提案活动要求提案者尽可能自主实施改善，这种做法完全不同于提意见或写建议。只有这样，才有利于保障活动有价值，有利于引导员工聚焦自己的问题，有利于员工养成自主解决问题的好习惯，有利于提高员工工作和技能水平。由于提案活动要求员工在改善实施之后把改善结果报告提交上来，因此写提案说到底就是写"改善结果报告"，所以，所谓"提案活动"说到底就是"改善结果报告活动"。为了对提案活动进行有效管理，一般需要制定三个标准：第一个是奖励标准，具体定义提案效果、提案级别和奖金之间的对应关系；第二个是提案格式标准，企业事先准备好标准的便于员工填写的提案格式；第三个是提案提交和评价流程标准。

为什么导入提案活动的企业很多，但成功的企业却很少？我对大量失败案例进行研究发现，主要有这样几个原因：一是以经济效益为追求目标，对提案等级评价患得患失，有些企业还特别增加了财务部门审核环节，流程复杂，再三求证，员工很快就会感觉到管理者缺乏诚意，自然也就失去了参与的兴趣。二是管理者抱怨员工能力差、提案质量低，甚至直接告诫员工不要再提"垃圾"提案，如此这般，对员工能力表现出轻视或傲慢的态度，员工是绝不会再写什么提案了，因为自尊心会受到伤害。三是重奖提案者，以为重赏之下必有勇夫。有些企业规定员工每件提案最少奖励 100 元，上不封顶。但提案者却寥寥无几，原因在于提高了奖金无形中抬高了提案的难度。四是管理者只发布一个提案奖励制度，或者在墙上挂若干个提案箱，就期望员工自动自发写提案。这种做法是在告诉员工提也行，不提也罢，结果可想而知。因为在这个世界上，从来就不存在完全的自动自发。除此之外，还有人把提案活动和提意见、提建议或写匿名信等混为一谈，或者总是纠结于员工提案到底属于分内工作还是分外工作，期望区分之后进行区别对待。为了回答这些问题，我很早就对"改善"一词做过科学定义：所谓改善，就是"改方法，善结果"，没有分内分外之分。总之，要想发动员工参与微创新提案活动，就必须和错误想法和错误做法说再见，否则注定无果。

　　如何调动员工参与提案活动的积极性？根据长期成功的咨询服务经验，我建议做好以下五项工作：一是管理者要充分认识到开展提案活动的重要意义，重视员工提案，尊重提案者，唤起员工热忱。必要时，管理者要身体力行，和员工进行直接沟通，要求、启发或辅导员工做改善，写提案。二是把人均提案件数和员工参与率指标作为部门绩效评价指标，以便用组织的力量推动这项工作。三是把员工提案与月度考评、月度奖金及年度晋级推荐等联动起来。有的企业在员工月度绩效评价时采用提案一票否决的做法。当月没有提案的员工，调低当月评价等级或按比例调低月度奖金。当年提案少于标准的，自动失去晋级推荐机会。四是简化提案提交、审核等管理流程，对于较低等级的提案一律由班组长或直属上司决定。五是采用龙虎榜、颁奖仪式、抢红包、兑礼物，以及部门或个人竞赛等趣味性活动形式，营造浓厚改善氛围。所有这些办法都在向员工发出一个明确的导向信号：参与提案活动大有裨益。

我用一个小故事做个总结：从前有人想做慈善募捐，想到了一个不错的办法，就是制作一些捐款箱放在邮局或其他人们常常驻足停留的地方。他着实为自己的聪明激动了一番，并期待着成功的那一天。但是，他发现，理想很丰满，现实很骨感，开始时，偶有几块钱投入捐款箱里，但一段时间后就没有新的捐款了。后来，这位朋友继续动脑筋，想到了到街头巷尾摆开阵势，声嘶力竭地宣讲自己做慈善的美好愿望，结果比之前的做法好一点，但离预期还是有很大差距。最后，他想出一个更好的办法，请明星一起举办募捐演唱会，使得募捐活动大获成功。

此故事中募捐的方式，完全可以直接嫁接到员工提案活动中来，靠提案箱或出台一个制度，让员工把智慧贡献出来很难；靠基层管理者宣导，让员工把智慧贡献出来也不容易；如果企业内的"大明星"，也就是企业最高领导能够积极倡议，并辅以各种营造氛围的形式或仪式，员工就会心甘情愿地把自己的智慧分享出来了。

四、体质改善与"现场上台阶机制"

现场上台阶改善活动的目的是促进班组自主管理，改善企业现场管理体质。人们都知道，体质好，病痛就少，寿命就长，企业也是如此。为了防范重大问题发生，有必要做好每一件小事，所以一定要相信"天下大事，必作于细"的道理。

同样，企业要想做到持续盈利和基业长青，也和企业内的细节管理密不可分。在许多中小微企业里，问题尤为严重，具体表现为现场脏乱差，形象糟糕；设备故障多，效率低下；员工士气低，得过且过。

为什么会这样呢？其原因是，工厂管理的素养水平太低，之所以水平低，责任不在班组长和班组员工身上，而在于企业缺少对他们进行精益管理和精益改善方面的训练。为了解决这个问题，企业须持续提升班组长和员工管理素养水平，我团队专门开发了一项"现场上台阶改善活动"。这项活动的导入可以分为六个台阶，每一个台阶都要解决某一类特定问题，完结后才予以晋级。

第一个台阶的主题是精益基础，相当于上"幼儿园"。在这个阶段，以解决最简单的现场问题为主，具体通过整理、整顿、清扫来完成。这个台阶 80% 以上的问题解决了，经验收合格，就算"幼儿园"毕业了。

第二个台阶的主题是彻底消除微缺陷，相当于上"小学"。在这个阶段，企业要引导员工对现场的所有微小缺陷进行识别、记录，并进行改善和修复。所谓微小缺陷，就是那些看上去对结果影响很小，但又无处不在的不起眼的小问题。当微小缺陷的 80% 以上消除后，经验收合格，就算"小学"毕业了。

第三个台阶的主题是两源改善，即发生源和困难源治理改善，相当于上"初中"。在这个阶段，企业要带领班组成员一起，对管理上和工作中存在的发生源和困难源等问题进行识别，并进行有计划的治理和改善，防止问题再发生。当这些问题的 80% 解决完，经验收合格，就算"初中"毕业。

第四个台阶的主题是班组标准化改善，相当于上"高中"。在这个阶段，我团队要求员工对作业、点检及润滑等工作进行标准化。通过参与研讨和制定标准的过程，班组成员不仅能够制定出适合工作现场的标准，最重要的是进行了一次自我启发、自主学习和自我培训，还有利于提高执行标准的自觉性。当这些问题的 80% 或以上解决完，经验收合格，就算"高中"毕业了。

第五个台阶的主题是效率化改善，相当于读"大学"。在这个阶段，企业要引导员工对自己所担当的操作、点检及润滑等工作进行可视化和智能化改善，以便实现效率化的目标。当这些问题的 80% 或以上解决完，经验收合格，就算"大学"毕业。

第六个台阶的主题是自主管理体制的建立，相当于读"研究生"。在这个阶段，我团队要求员工把所有前面几个阶段学到的知识、方法、经验和标准等内容进行归纳和总结，以便形成持续改善的标准和方法指引。当这些问题的 80% 或以上解决完，经验收合格，就算"研究生"毕业了。

上述六个台阶的改善活动完结后，并不是上台阶活动的结束，而是上台阶活动自主管理阶段的开始。六个台阶导入活动结束后，才是开启现场自主管理之门，以后每半年或一年可以规划和实施上一个台阶，每一个台阶都可以确立一个主题，可以涉及质量、成本、效率和安全等广泛内容。

通过这个持续上台阶活动，既可提高现场管理水平，优化设备管理状态，又可全面提升班组长和班组成员的意识、能力和现场管理素养水平。可能有人会担心现场上台阶改善活动会不会很复杂，班组长和员工学不会？其实，完全不用担心，我团队本着工业化思维，开发出了可复制的简单办法。这个办法总共包括五个小步骤：第一步是计划和培训，每一个阶段活动开始前，都要做一个活动计划，做一个培训教材，并对班组全员进行培训；第二步是查找本阶段问题，回头看前面各阶段的问题（复习），并制订改善实施计划；第三步是具体解决问题，进行针对性改善，并进行必要的记录；第四步是对改善活动和改善成果进行总结与报告；第五步是对改善成果进行诊断、验收、颁奖和颁证。如此循环往复，班组长和班组员工都可以很快掌握活动方法和活动技巧。

现场上台阶改善活动可取得四方面进步：打造"防呆"现场，提升现场管理水平；激活班组活力，打造卓越班组；改善设备状态，让生产不再停顿；打造卓越工厂，让营销不再难做。

在导入这项现场上台阶改善活动后，许多客户领导兴奋地告诉我："因为有了你团队辅导的持续上台阶改善活动，才让我们真正懂得了什么是'一呼百应'的美好局面。"

造物育人——打造生生不息的持续发展力

在精益管理实践中，我们经常会听到客户领导有这样的疑问：在现场上台阶活动中，为什么总是从解决小问题开始？之所以这样安排，主要基于两方面考虑：一方面，管理者和员工管理素养提升和孩子成长一样，是一个循序渐进的过程，所以在规划各台阶活动目标和活动内容时，始终遵循由表及里、由易及难的原则，切不可操之过急。另一方面，之所以要团队和员工聚焦小问题，也是有科学依据的。有一个著名的海恩法则指出，300个小问题放任不管，就会累积成长出29个中等事故隐患，29个中等事故隐患不及时排除，就会发展为一个大事故。也就是说，大事故往往只是"冰山一角"，想要消除大事故，就必须消除"水面"下大量的微小缺陷。所谓的预防管理，说的就是这个道理。

在现场上台阶活动中，员工会解决大量小微问题，有时候能够收获意想不到的巨大效果。我们有一个客户是做软性电路板的，良品率一直在75%左右徘徊，浪费严重。针对这个问题，企业内部采取了许多办法，做得最多的是提目标、做考核和激励，但总是原地打转。在我团队的辅导下，班组开展了现场持续上台阶活动，在微缺陷和发生源治理等方面做了近千项小微改善，一年不到的时间，良品率接近90%的水平，行业最高，极大地提升了成本竞争力。我们在活动过程中发现，产品良品率主要与灰尘、异物和振动等微小缺陷有关系。总之，只要持续推进现场上台阶活动，不仅能够让现场管理维持在极高的水平，而且通过累积看似平凡的小改善，可以显现出巨大的经济效益……班组上台阶改善活动看似基层，却意义重大。

五、文化建设与"氛围营造机制"

近年来，经常有人问我一个问题：现在的企业员工以 80 后、90 后和 00 后为主了，不好管，怎么办？为什么会有这种困惑呢？

在当今社会，60 后和 70 后是一个特殊的群体，他们是改革开放之前成长起来的，大多经历过苦日子，是改革开放让他们获得了全新的工作机会。他们为了生计，为了改变自己和家族的命运，勤勤恳恳，任劳任怨，主动或被动放弃了许多权利。过去几十年里，60 后和 70 后对工作的态度，慢慢地使管理者以为企业员工就应该像 60 后和 70 后一样才对。

而 80 后、90 后和 00 后是在改革开放后出生的，他们的成长环境比 60 后和 70 后好很多，他们更希望按照自己的意愿工作和生活。面对这样一群崇尚自由、珍视自尊的新员工，企业管理者依然希望用对待 60 后和 70 后的方式来做管理，当然不合时宜了，面临不配合和抵触在所难免。

在回答如何管理好 80 后、90 后和 00 后之前，我分享一个故事。在理光工作的时候，我有一位精益老师，他就是理光集团的常务董事饭田先生。有一次，他来到深圳，看完工厂之后调侃我说:"我看你30岁的年龄,怎么管出来的企业像60岁。"意思是说,深圳理光公司的企业文化沉闷,老气横秋。饭田先生接着说:"而我60岁的人,管出来的企业要比深圳理光年轻得多!"饭田先生又说:"你猜猜看,是多少岁?"我不假思索地回答:"20岁或18岁。"饭田先生说:"不是20岁也不是18岁,是6岁,因为最幸福的年龄就是6岁,天真烂漫,快乐无忧。"

假如人们真的能够把企业文化氛围做到6岁的程度,80后和90后还会难管吗?回答应该是否定的。自此,可以得出一个重要结论:营造良好文化氛围是企业经营中一项重要的管理活动。

所谓文化氛围,是一个人对团队环境和团队成员间相互关系的内在感受。良好的文化氛围主要包括两个重要方面,一个是平等、尊重、快乐的工作软环境,另一个是干净整洁、温馨明快的工作硬环境。

营造良好的文化氛围,肯定不仅仅是为了让员工变得好管这么简单,还应该有更多积极的意义。好的文化氛围会形成良性的竞争局面,通常可以获得比个体独立工作时更高的效率;好的文化氛围会在团队内形成向好的标准化倾向;好的文化氛围会对团队成员产生正向的群体压力,倒逼员工努力向上。总之,好的文化氛围有利于培养积极向上的员工,有利于员工之间团结协作,有利于发挥出叠加的效果。

那么,该如何营造良好文化氛围呢?根据我的经验,主要有以下三项内容:多种科目的竞赛、隆重活泼的仪式和丰富多彩的宣传。

多种科目的竞赛。我团队主张摒弃传统的静态管理办法,积极探索和采用各种赛道的PK活动,全面激发员工参与的热情和兴趣，最终形成"比、学、赶、帮、超"的美好局面。比如，可以开展技能竞赛，让技能工匠脱颖而出。又比如，可以开展精益知识大赛，让全体员工有机会参与其中。还比如，可以开展精益改善或简易自动化创意大赛，充分激发员工的创造性。俗话说，"台上十分钟，台下十年功"。为了台上短暂的精彩演出，员工必须在台下进行艰苦卓绝的学习和训练。所以，规划PK或竞赛活动其实是手段，促进员工广泛参与是过程，真正的目的是引导或倒逼员工在竞赛前进行学习和训练，以便提升他们的意识和能力，帮助他们快速成长。

隆重活泼的仪式。为了宣传贯彻公司理念、落地公司战略、配合精益改善活动的强力推动，在一些重要节点规划并实施隆重的会议或仪式十分重要。比如，年初可以规划年度战略发布会和精益管理启动会；每月可以召集战略落地讲习会和月度改善达人表彰会；半年可以召开一次现场改善之旅和焦点课题发表会；年底可以召开隆重的年度成果发表大会和精益之星表彰大会。我和许多人一样，对形式主义深恶痛绝。但是特别需要说明的是，形式并不等于形式主义，形式是内容的载体，有内容的形式就是好形式。而且，我坚持认为，为了升华团队成员的格调和认知，最好的办法是把形式上升为仪式，不仅可以营造浓厚的氛围，更重要的是可以让员工接受"神圣的洗礼"，从内心升腾出一种崇高的情绪，有利于把企业经营做得更好。

丰富多彩的宣传。对员工的工作、改善和生活进行宣传，有利于营造良好的氛围。我团队可让客户制作一个战略管理指标室，把企业和各个部门的关键管理指标进行统一展示，让各个部门的经营管理结果可视化；也可以制作一面精益改善墙，把精益

103

理念、精益行动、精益成果、经典案例、精益之星和精益未来等内容展示出来；又可以要求各部门用管理看板对部门管理活动、改善成果和员工风采进行展示；除此之外，还可以用内部刊物、微信公众号或抖音等多种形式对企业的经营管理和精益改善活动进行宣传，营造浓厚的文化氛围。所有这些营造氛围的活动是实现人性化管理的重要手段，它不仅可以打造温馨明快、生动活泼的文化氛围，有利于员工快乐工作，更重要的是可以引导员工积极参与其中，倒逼员工自主学习，主动训练，在获得良好工作成果的同时收获个人成长。

我的精益导师饭田先生经营的企业，通过导入企业内"吉尼斯"活动，并附以形式多样的宣传和展示，成功地营造出了"只有6岁"的天真烂漫的美好文化。

他首先成立一个"吉尼斯"活动委员会，自己任名誉会长，由员工推举会长和活动执行秘书长。然后企业以专项预算的形式拨一笔年度活动经费。接着，饭田先生有三个要求：其一，"吉尼斯"比赛项目必须包括技能、改善和康乐三个大类，不得偏废；其二，要求全员参与，每一个员工必须在任意两个大项中至少选择一个小项参与活动；其三，每个项目每年进行一次预赛和决赛，决出冠、亚、季军，其中项目记录创造者将获得"×××'吉尼斯'纪录"纪念奖牌。

科学设计三大类比赛项目、比赛规则等是非常重要的工作。

第一类比赛项目可以规划一个技能比赛赛道。在这个赛道里，企业可以根据自身业务特点决定比赛的小项目，比如打螺丝、焊接、手工插件、零件加工、木工雕花、叉车驾驶、电器维修、缺陷检查等。

第二类比赛项目可以规划一个改善比赛赛道。在这个赛道里，企业可以定义一些小项目，比如提案件数、改善创意、改善金额、改善景点、课题发表、现场讲解、OPL 等。

第三类比赛项目可以规划趣味运动项目。在这个赛道里，可以定义一些不需要特殊场地的竞技项目，比如立定跳远、俯卧撑、仰卧起坐、引体向上、自行车慢骑、跳绳等。

定好项目之后，就可以定义比赛和奖励规则。为了促进员工广泛参与，防止员工成为看客，企业可以要求员工必须在技能、改善和康乐中的两个大项目里选择自己感兴趣的项目，提出申请并积极参与其中。由于报名人数众多，可能需要采用部门预赛、企业决赛两阶段进行。

为了让各类竞赛 PK 活动进行得有声有色，还需要借助各种员工喜闻乐见的形式或仪式，如活动开始时召开启动会；活动过程中要注意进行大量的记录和宣传；活动结束后要举办总结和表彰大会，让优胜者站在舞台上获得奖牌、奖金，接受观众的欢呼和喝彩。

六、职业发展与"员工成长机制"

员工成长管理机制,是一项旨在为员工成长创造软硬环境的管理活动。

有一次在清华总裁班讲课,有学员注意到我的简历里有人力资源管理经历,就问我:"可不可以请教一个关于人力资源管理的问题。"在得到肯定答复之后,他说:"上一次听了一位人力资源教授两天的课程,感觉很乱,听得很糊涂。"我说:"你和教授沟通了没有?"他说:"我问了,教授说,要把人力资源 N 个模块全讲完,至少要十天半个月时间,所以两天课程是讲不清楚的。"

果真如此吗?答案是否定的。事实是,如果不能找出人力资源管理的本质,认清人力资源管理的战略方向,掉入 6 大模块、7 大模块的事务中去,那确实是很费功夫的。相反,如果理解了人力资源管理的本质,讲清人力资源管理,就可易如反掌。后来,在学员的请求下,我讲了半天的人力资源管理课程,他们都说,听懂了,逻辑清晰,道理简单。之所以能听懂,是因为他们找到了人力资源管理工作的方向,从此读懂了人力资源管理的本质。

人力资源管理的本质到底是什么？在给出结论之前，先来分析一下世界上几个人力资源管理做得好的特殊组织，一个是军队，一个是学校，还有一个是家。这三个组织有这样几个共同的特点：一是，在培养成员的时候，都是以其离开为前提的，军人转业要离开部队，学生毕业要离开学校，孩子长大要离开家庭；二是，即使知道成员注定要离开，但还是对他们毫无保留地进行培养；三是，这三个组织的组织文化都比较优秀，凝聚力强。如果有人能够把企业打造成为如此这般的美好组织，估计员工会十分欢迎。

当然，作为企业，要想向军队学习是有难度的，因为参军是法定义务，对军人的纪律约束要比企业强大得多。要想把企业建成像家一样的组织也是有困难的，因为家有血缘关系维系，成员间的联系要比企业更无私。只有学校的情况和企业最相似，所以我的建议是，设法把企业打造成优秀的学校，让员工带薪上学，这是一项十分美好的事业。

一所优秀大学必定有以下几个重要特征：一是往届毕业生走上社会之后成就斐然；二是优秀高中毕业生争相报考，趋之若鹜；三是大学治学严谨，对学子用心培养。世界上许多优秀企业有这方面成功的经验，比如松下幸之助就是这么说，也是这么做的，值得人们借鉴和学习。大家熟知的华为也是这样做的典范。离开华为的人，成了人才市场上抢手的香饽饽；优秀大学的本科、硕士、博士毕业生争抢着想进华为；在华为内部则是竭尽所能进行系统的培养和严格的锻造。

基于我的职业经验和深度思考，可以得出这样一个重要结论：一个优秀企业的人力资源管理的核心目标是，打造一个进出有序，人才辈出的良好局面。这个良好局面包括一个中心，两个基本点。一个中心，是指以"员工成长"为中心，两个基本点，是指新人进得来，留得住；老人上得去，走得了。这样企业的组织文化才是健康的，有活力和有竞争力的。

人力资源管理本质的重要性还可以用一个反论来给予证明。如果一个组织，新人进不来，留不住；老人上不去，走不了，那么这个企业的组织文化就很糟糕。

这就是人力资源管理的本质，理解了这个本质之后，人力资源管理工作就变得有的放矢。也就是说，人力资源部门只要围绕一个中心两个基本点开展工作，就能够建设起优秀的组织文化，打造一种流水不腐，进出有序，人才辈出的良好局面，为企业经营战略的实现，锻造有凝聚力和战斗力的人才队伍。

关于员工培养，企业经营者还有两个认识误区，需要纠正。第一个认识误区是，既然培养好了，他就离开，甚至成为对手，还不如不培养了。正确的认识应该是，培养员工的意义是多种的，这里介绍三个方面：一是，把三流的员工培养成一流，企业至少可以收获介于三流和一流之间的价值，任何甘于使用三流员工的企业都是没有未来的；二是，让员工获得二次谋职的能力，以备不时之需，为员工幸福保驾护航；三是，培养员工还可以为社会减轻负担，实现社会价值。总之，培养员工，利人利己、利国利民，何乐而不为呢。

第二个认识误区是，以为培养员工，就是花钱对员工做培训。其实，员工培训在帮助员工成长方面，作用非常有限。过去几十年，国内企业对员工培训不可谓不重视，有人甚至打出"培训是员工最大的福利"的口号。而且许多企业还成立了企业大学，期望通过企业大学帮助员工成长。遗憾的是，企业大学也是以员工培训为主。然而，员工对培训这项福利并不领情，参与也不积极，以至于人力资源部门需要对员工参与培训进行各种考核，甚至强制。结果是老板不满意，钱花了效果不好；人力资源部不开心，费力不讨好；员工也不开心，耗费时间不说，还学不到有用的东西，并不能提升自己的能力。

其实，帮助员工成长，培训有时只能起到启蒙的作用，对能力提升作用是相当有限的。而软硬学习环境建设就不一样，能够变"逼我学"为"我想学"，倒逼员工主动学习，而且学以致用。

所谓学习软环境，主要包括两个方面的内容，一方面是，建设和运营一套职级晋升体系，为员工的职业发展和个人成长铺设轨道，做出明确的导引，并倒逼员工学习进步。具体来说，需要做三件事情：做一个职级系统和与之对应的工资体系，为员工的职业发展铺设一条晋升通道；制定一份关于员工晋升推荐和晋升考核的制度和规则，让员工明晰努力的方向；每年至少一次雷打不动地运营这项制度，让员工真正体会到成长的快乐和幸福感及慢慢的成就感。另一个方面是，导入精益管理改善平台，营造"比学赶帮超"的浓厚氛围，让员工有机会在参与改善的过程中学以致用，快速提升心智、意识和能力水平。比如，员工微创新活动要求全员参与，每月至少做一个改善，写一份提案。长期坚持做改善，写提案，可以培养员工参与改善的意愿，提升员工发现问题和解决问题的意识和能力。又比如，让骨干员工参与部门或跨部门课题改善小组活动，不仅可以提升用工业化思维解决问题的能力，还可以学习项目管理和组织管理的方法和技巧。还比如，上级领导要求员工经常面对企业领导或客人，介绍自己的改善成果，可以倒逼员工提升总结及发表能力。特别是在改善活动中，通过组织各种形式的员工喜闻乐见的 PK 活动，不仅可以营造积极向上的组织氛围，更重要的是激发他们的好胜心，倒逼他们勤学苦练。许多企业领导看到员工的这些可喜变化之后，惊叹于原来自己根本不懂员工，不懂管理，说到底是不懂人性。

学习和成长的硬环境也有两个方面的内容，一方面是，培训设施建设、培训经费预算和培训内容规划实施。特别需要强调的是，培训内容规划一定要为工作和改善服务。在规划培训内容的时候，一定要聚焦工作和改善，而不是天马行空，满世界找新老师、新内容，否则这样的培训就不能为企业创造价值。另一方面是，员工见识、意识和能力训练道场建设。这个道场，再加上员工培养体系和课程设计，就成了 3A 的创新项目，叫 3A 人才工场。具体地说，人才工场里面会包括典型改善案例造型、要点技能培训道具、精益管理体验模拟线、关键管理知识体系等丰富内容。借助于人才工场，可以对不同员工进行针对性的教育和训练，可以让员工在见识、意识、技能和改善能力等方面获得全面提升，为员工的快速成长打下扎实基础。

企业通过打造软硬学习环境，不仅可以调动员工主动学习的意愿，更能够对员工进行针对性的教育训练，从此企业就可以乐见员工快速成长。

企业永续经营，基业常青，这是每一位企业家都期盼的，一定要把经营的落脚点放在员工的成长上，打造能够促进团队员工自主学习的软环境，才是员工持续成长的关键策略和手段。

七、员工训练与"素养提升机制"

员工素养一般包括人文素养、职业素养和管理素养三个方面。

提升人文素养水平，主要靠阅读训练来实现。如果企业期望提升员工的人文素养水平，就可以选择一些好的读本，要求员工认真阅读，重复阅读，以便让大家领会书中阐述的要义。

提升职业素养水平，主要靠职业训练来实现。军队的训练、空姐的训练以及工匠的训练都属于此种。如果企业想打造一支拉得起来、冲得上去的具有超强职业素养的团队，就可以参考军队做法，进行纪律、执行力方面的训练。

提升管理素养水平，主要靠日常 5S 和解决问题的训练来实现。大量的事实证明，通过让员工参与整理、整顿、清扫等 3S 活动，体验现场从脏乱差，到干净整洁的变化，进而提升员工自己的管理素养水平。正所谓，人造环境，环境育人。在此基础上，加上其他改善（**解决问题**）活动的训练，员工的管理素养水平会越来越高。

素养水平提升并非一朝一夕之功，需要日复一日的重复训练，并最终让员工养成良好的习惯。也就是说，提升员工素养水平，就是让员工养成良好的生活和工作习惯。为了达成这个目标，就要把各项训练活动定义为规定动作，变成日常工作的一部分。

可以规划并实施每周一次的集体晨操，把升旗、表彰先进以及训话等融入其中，就可以很好地进行爱国主义教育，为团队树立正确的目标和方向。

可以规划并实施每天一次的班组早会，把问候、工作安排以及目标理念诵读等融入其中，有利于团队统一思想、统一步调、统一意志。

可以规划与实施每天一次的清扫点检，把整理、整顿、清扫和工作前的点检准备事项落地到位，让员工养成爱干净整洁、工作一丝不苟的好习惯。

可以规划与实施每班一次的交班仪式，把平时似有似无的交接班工作进行具象化表达，有利于让交接班变得规范有序，严肃认真。

还可以要求员工每月、每周或者每天做一个改善，每天进步一点点，不断提升员工发现问题、分析问题和解决问题的意识和能力。

只要能够保证这些形式得到坚持，而且保障这些形式里的内容都能做到位，那么企业团队的素养水平就能够得到持续提升，极大地提升团队的战斗力。

让员工养成良好习惯，到底有没有诀窍？让员工养成良好习惯，就像让孩子养成良好习惯一样，尽管没有捷径，但还是有具体办法和窍门的。要养成良好习惯，就要坚持做好四件事：一是找到一件或若干件，至少每天发生一次以上的高频次小事情；

二是定义或共同约定做这些事情的游戏规则，明确做多少次，做到什么程度；三是按照约定的游戏规则落地执行，最好的办法是一起参与；四是监督执行，确认频次和所做的质量，长期坚持做下去。

从这个意义上讲，做永远比说更重要，更有意义。

下 篇

造物系统

所谓造物系统，就是负责研发、生产、销售产品，并提供相关服务的系统、流程和方法的总称。从部门职能分类来说，企业造物系统通常都包括研发、生产、销售三个直接部门，以及计划、采购、人资、行政、财务等多个间接部门。

不同的企业，造物系统的能力水平是有差异的。为了更好地理解造物系统的优劣好坏，我建议使用造物系统质量来进行表达。

传统意义上的质量（Quality），主要是指产品、服务方面的质量。而在评价造物系统的时候，质量的含义除了产品、技术方面的质量之外，还包括产品研发、生产活动、营销管理、质量管理、员工培养、客户服务以及与之有关的所有工作和活动的质量。因此，优秀的人才、一流的产品、先进的技术、高效的方法以及令人满意的客户服务等都属于质量的范畴。

不管企业的规模如何，行业各异，造物系统的质量都可以归纳为五个板块的内容。

1. 企业经营成果

企业经营成果主要由企业内部成果和企业外部成果两大部分组成。企业内部经营成果主要是指销售额、利润率和现金流等财务指标、员工成长和学习环境建设、过程改善成果和质量改善成果等。企业外部经营成果主要是指客户满意及社会责任实践方面的成果。

企业及时把握各个成果的变动情况，对照市场和客户的需求以及竞争对手的动向，提出不断改善的目标和方向。

2. 客户和市场的理解和应对

要理解客户和市场，首先要明确谁是企业真正的客户。这本来是一个很简单的问题，但是由于企业接触的可能是经销商、代理商，真正使用产品或接受服务的客户有可能被忽视。

明确了谁是真正的客户之后，企业还必须通过有效的办法，及时了解市场的动向和客户既有或潜在的需求，认真地解决客户的抱怨和投诉。如果能够把他们的不满和意见反映到新产品开发和生产中去，就可以从源头解决问题，大幅度提升客户满意度。

3. 核心能力建设和管理效能提升

制造型企业主要包括三大核心能力，产品研发、产品制造和产品销售。其实，从产品的研发设计、生产制造，再到产品的销售服务，整个过程的每一个动作，都会影响到最终的工作结果。因此，为了保障客户价值最大化，追求客户满意，必须在整个经营活动中，自始至终都要注意做好标准化管理和精益改善工作。

除了三大能力建设之外，提升管理效能也是企业经营的重要工作。所有间接部门一定要摆正自己的位置，始终以服务者的姿态，以现场为中心，为核心能力建设和经营目标实现做好服务。

4. 员工满意和学习环境建设

为了达成客户满意，首先要做到员工满意。为员工提供广阔的施展空间，正确评价员工的工作，创造良好的学习软硬环境，促进员工成长，是提高员工满意度的关键。

好的学习环境可以激发员工自主学习，也可以发挥员工的主动性和创造性。所以，学习环境建设是人才培养和团队成长的核心工作，具体包括：职级、职务和薪酬体系建设；员工绩效评价与晋升管理体系建设；员工培训和能力评价体系建设等丰富内容。

5. 信息共享与透明经营

随着信息化、数字化技术的发展，信息成了越来越重要的经营资源。信息共享的目的并不是简单地让员工拥有这些信息，而是要通过这些信息，坚守企业价值理念，实现透明经营。

信息既有企业内部信息，包括经营业绩信息、管理绩效信息和改善成果信息等；又有企业外部信息，包括市场和客户需求信息、对标企业信息以及最佳实践信息等。企业要认真研究，要收集什么信息、如何保持信息的鲜度和怎样加工运用收集到的信息等。

认识了造物系统质量的内涵之后，就可以找到经营改善努力的方向。当然，提升造物系统质量，不能期望一蹴而就，管理者要下决心，以持续运营七大育人机制为抓手，带领全体员工持续修炼，不断改善，才能走向理想的高境界。

企业经营成果

4 Chapter

一、社会责任成果

为了打造一家有良知的企业，就必须在履行社会责任方面有所作为。社会责任的内容有很多，主要包括透明经营、法律法规的遵守、环境保护方面的努力、企业公民对地域的贡献以及伦理道德方面的自律和示范等。

第一，要做到透明经营，提高经营透明度，主动接受员工、社会和大众的监督。就像对上市企业要求的一样，要及时主动地披露企业经营状况、财务报表、审计报告、组织架构、重要活动、投资行为、社会责任履行状况以及风险提示等内容。

第二，要守法经营，做守法企业公民。在经营过程中，企业免不了与海关、技术与质量监督、税务、审计、统计、劳动、人事等部门打交道，是否能够自觉遵照执行法律或部门规章，是考查企业履行社会责任的重要方面。所以，企业务必在这些部门留下良好记录。

第三，要爱护环境，做环保先锋。保护环境是企业应尽的重要社会责任之一，不仅要申请获得 ISO14000 等标准的认证，更重要的是，要持续减少废气、废水排放量，使之符合环保法规要求，并在垃圾分类处理和再资源化方面进行改善，持续减少固体废弃物总量。

第四，要服务社区，做模范企业公民。企业既可以积极配合、参与地域社会或社区倡导的各项有意义的活动，比如捐资助学、爱老助老等；也可以自主规划和持续实施有益于社会和社区的志愿或公益服务，为提升社会公德水平贡献力量。

企业履行社会责任，并不是可有可无，而应该是重要的战略任务之一，需要引起我们的重视。

二、学习环境建设和人才培养成果

学习环境建设方面的成果主要表现在三个方面，一是，建立健全与员工成长相适应的职级体系和晋升机制；二是制定好与培训学习相关的费用支持、奖励制度；三是为员工的培训学习提供时间和空间条件。只要从这三个方面出发，不断优化环境条件，企业内就会形成积极进取、谦虚好学的良好风气。学习环境建设是因，人才培养是果，种因得果，仅此而已。

学习环境建设和人才培养成果，可以用员工参与企业各项活动的自主性和创造性指标来表示，比如发明创造和专利的件数、改善提案件数、参与社会各类竞赛（*业务的和非业务的*）得奖人数、自主参与各类学习研修人员数量、各类外部资格获得者人数等。

很显然，学习环境建设和人才培养的所有成果，最终都会表现在向客户提供的商品和服务的质量提升上，所以客户满意是其理所当然的结果。

三、造物系统质量与改善成果

造物系统的质量改善成果是指整个管理活动和工作过程的改善结果。

直接与客户相关的质量有诸如客投次数、客诉处理时限、订单交付准时率、物流配送精度等。企业内部的质量管理指标也有不少,比如不良率、直通率、生产效率、计划达成率、库存管理精度、材料及零部件产品库存时间等都是重要的质量数据。

质量改善成果就是企业内开展的,以改良质量数据为目的的改善活动的成果。

经营者和管理干部如果能够长期跟进这些管理指标,就会发现这些管理指标的好坏与推进中的改善活动密切相关。如果没有改善活动支撑,管理指标就不可能持续向好。同样,某些指标的恶化,就说明工作过程可能出现了问题,应及时调查原因并采取有效措施加以改善。

四、事业成果

企业的事业成果主要是指财务方面各项关键数据指标的达成状况。其实，关注这些指标与竞争对手指标之间的差异，更具现实意义。

但需要特别指出的是，由于财务指标是企业经营活动的最终反映，是内外部各种因素综合影响的结果，由财务指标直接去判断过程管理的优劣是不全面的。所以，我们要辨证地对待财务指标，既不要因为财务指标很好，就放松了对过程管理的要求，也不要因为财务指标不好，而看不到过程管理方面的优势和事业发展的前景。

只要过程管理各个方面的成果表现出色的话，企业的前景就会不断向好，财务指标也会不断改善。相反，如果过程管理方面表现不佳的话，再好的财务指标也将难以为继。

经营者还应该关注企业的现金流动（Cash Flow），账面上的利润有时并不能成为企业可以自由支配的资源。大量的库存和不动产，有可能成为企业的负担，特别是产品的库存可能会因为市场或客户需求的变化而一文不值。另一方面，应收款也是一个不确定的因素，有可能成为坏账，企业经营者应该予以高度重视。

五、客户满意和市场评价

1. 客户满意度管理

如前所述,客户满意也有不同的水准。一个企业如果能做到了最好的客户满意,让客户得到超值的享受,它将拥有最忠诚的客户群,那样企业的生存和发展就有了最根本的保障。

我们要通过一些科学的方法来测定客户满意和不满意的水准和情况,并把它与其他竞争对手的水准作比较。通过有效把握客户不满意的因素,并设法消除这些因素,提高客户满意度。

一般来说,企业可以从以下几个方面来衡量或评价客户满意和不满意结果。

① 客户满意度或不满意度指标。

② 客户复购率指标。

③ 客户的投诉或反馈信息。

④ 客户的获得与丧失。

⑤ 客户价值:客户购买产品或服务后的投入产出比等。

2. 市场评价

客户满意的成果最终会反映到市场评价上,使得市场占有率提高或订单数增加等。同样，客户不满意的结果也会影响企业的口碑。以下各项是评价市场成果的主要指标。

① 市场份额的变化。

② 市场的适应性水准。

③ 客户份额。

④ 销售额和利润额的变化。

⑤ 客户、市场及外部机构的表彰、评价和评比。

好的过程，产生好的结果。企业经营的最终目标是客户满意和可持续经营。如果客户不满意，就可以肯定经营过程的某一个或几个环节出了问题。是过程、程序管理出了问题，就对过程、程序管理的方法进行改善。是人才培养方面的问题，就必须重新审视企业的人才战略和人才培养计划。是对客户和市场需求的把握不好，就应该重新研究客户和市场的需求……

总之，改善企业经营质量是以把握市场和客户需求为出发点，最终以达成客户满意为目的的活动。因此，如果客户满意方面有问题或满意度得不到期待的改善，我们就要从工作的全过程研究问题的所在，并通过消除这些问题来改善企业综合经营质量，提高客户满意度。

客户和市场的理解和应对

Chapter 5

一、客户满意与客户价值经营

关于客户满意与客户价值的讨论很多。企业管理者如果能够一切从客户价值出发，探讨经营，实践管理的话，是有重要意义的。为了客户满意，有些大企业还设置客户价值管理部门，专门负责这项工作的规划和落实。也就是说，客户满意不仅仅是销售服务部门的事情，而要真正将客户满意贯穿到企业经营的各个层面。只有这样，客户满意活动才能取得可见的经营成效。

低成长以及微利时代的主要特征是，产能和供给过剩，企业要生存和发展，就必须参与残酷的存量竞争。企业必须设法在产品、技术和服务质量、社会责任以及品牌形象等方面得到客户的认同和信赖。因此，通过各种改善实践和客户满意经营来改善造物系统质量，既是企业经营管理者的主观愿望，更是高度竞争时代的客观要求。

二、客户满意的意义

到现在,也许没有人否认客户满意的重要性,优秀企业更重视客户满意和客户价值经营。有调查显示,绝大多数企业的经营理念或经营方针都强调客户满意或质量第一。但是,要在企业经营活动中,始终聚焦客户价值,并积极采取具体改善措施并不是一件容易的事。

首先,我们要对客户满意的意义有更进一步的理解。一般地说,人们认为只要提供的商品和服务与客户的期待和要求等同,客户就应该满意了,客户满意的含义如表5-1所示。但事实上这种满意是很难长久持续的,因为这种等值于客户要求和期待的商品和服务很难锁定客户,客户很容易被其他对手的产品和服务打动,以至于客户很容易就变更自己的购买品牌。

表 5-1 客户满意的含义

商品和服务的价值 与客户期待之间的关系		客户满意度
商品和服务价值 < 客户期待	→	客户不满意
商品和服务价值 = 客户期待	→	客户基本满意
商品和服务价值 > 客户期待	→	客户忠诚度上升

企业只有向客户提供高于客户要求和期待的商品和服务，客户才能成为其忠诚的一员。我们常说的客户对品牌的忠诚度、或者说回头客就是来源于这种超值的商品和服务。

只有商品和服务的价值高于甚至大大地高于客户的要求和期待时，企业才能真正获得客户的满意，使客户的满意度和忠诚度提高。

这里需要特别指出的是，商品和服务的价值应该是由市场和客户评价的，而不是商品和服务提供方的一厢情愿。有人叹息，这么好的商品和服务为什么就得不到客户青睐呢？大概问题就出在你没有站在客户的立场去评价商品和服务。

三、真正的客户是谁

真正的客户是谁？有人会说，这不是很清楚吗？但事实上，正是这样简单的问题却往往被人们忽视了。

一些企业集团每年都会召集世界或国内各地经销商的聚会，参加会议的有集团的销售及服务人员，有经销商的代表。作为与客户沟通的一种方式是很有效的，它可以强化销售网络，建立产销之间的信赖关系。然而，企业的销售和服务人员只是面对经销商，而没有机会直接面对商品的消费者。久而久之，他们会误认为经销商便是他们的客户，而忘掉每一个商品的消费者才是真正的客户。更有甚者，当接到市场或客户投诉的时候，他的第一反应是请你找经销商去。

以下是一个真实而又有代表意义的故事，说明集团企业销售人员对一线销售工作的不接触和不敏感。某日，某集团企业销售人员抱着兴奋的心情向他的地位很高的上司报告，由于大家工作的努力，某某政府的集团采购招标会上，本集团的数百台机器中标。这位销售人员等待着来自上司的褒奖，但他猛然发现，他回答不了这位上司在祝贺他的同时提出的一连串问题。你们做了哪些努力？你们接触了哪些政府的部门和官员？当时参与投标的还有哪些竞争对手？我们为什么会赢？而对手又输在哪里？连珠炮似的提问，搞得这位销售人员很有点无地自容的感觉，因为他根本就没有接触到客户。所有工作都是经销商做的，一问三不知在所难免。当然，接下来的是这位上司对他语重深长的教育，让他理解多接触真正的客户的重要性。

　　事实上，经常有经销商集体倒戈，转投竞争对手给企业带来重大损失的事件发生，也从反面印证了不接触直接客户的危害性。

　　另外，一个企业里直接面对市场和客户的主要是销售和服务部门的员工，企业内的其他部门员工并不直接与客户（*消费者*）接触。这些部门特别是间接部门的员工压根就不知道自己的业务也是一种服务，他的工作结果是提供给下一道工序的商品或服务。由于他不明白自己的工作到底为谁而做，因此拖拉、扯皮及部门间推诿等非效率现象经常发生，越是大的企业越容易养成这种"衙门"作风。

　　这是没有把握自己的客户到底是谁的几个比较典型的例子，是我们通常说的大企业病的症状之一。如果连你自己的客户是谁都不清楚的话，你怎能知道客户想什么、需要什么，又何谈改善客户满意度。

　　我们应该教育我们的销售和服务人员以及其他部门的员工，代理商和经销商固然是我们的重要客户，但商品的直接消费者更是我们的衣食父母，是我们最重要的客户。还有那些和我们配套的供应商以及服务商也是我们的客户，是我们重要的合作伙伴。非销售、服务部门的员工也应该清楚，自己的工作是为下一道工序提供的商品或服务，下一道工序的员工理应是自己的重要客户。

因此，我们在做每一项工作时都要去思考客户是谁，客户的期待和要求是什么，只有这样我们才会知道该怎样去做。销售和服务人员才知道如何去面对商品的消费者，其他部门员工才知道如何去对待我们的合作企业以及企业内其他部门的员工。

如果全体员工都能养成这种良好的为客户服务的精神，并在具体的业务中付诸行动，企业就一定能实现客户满意的经营。

四、如何把握客户的需求

为了提高客户满意度,首先要倾听客户的声音,了解客户的需求。如果企业只在经营理念上讲客户满意,而没有真正去研究和了解客户的需求,那么经营方针中的客户服务和客户满意便是一句空话和套话。

同时,追求客户满意不仅仅是销售及服务部门的事,而是企业全体部门的大事,更是经营者需要认真对待的大问题。只有经营者的高度重视和率先垂范,才会有全体员工的重视和参与。

我们可以从以下几个方面把握客户的需求。

① 客户想从我们这里得到什么样的产品和服务。

② 客户要怎样使用我们提供的产品,怎样享受我们提供的服务。

③ 我们所提供的产品和服务与客户期待之间,有什么不足和差距。

④ 客户还会有什么潜在的需求。

认真倾听客户诉求和不满意声音是了解客户需求的一个好办法。客户满意度调查专家常说,及时把握客户的不满意因素,通过消除这些不满意因素是提高客户满意度的捷径。可见，如何做才能听到客户的心声十分重要。

在我们的日常生活中，因为一个小小的投诉没有处理好而导致企业与客户之间更大冲突的例子很多，要引起我们足够的重视。

要使客户的声音具有广泛的代表性，还必须很好地把握和设置反馈点或倾听点。有一位成功的经营者是这样决定他自己的倾听点的。在客户方面，他定期面见一些长期忠诚的客户、一些新客户以及那些已经决定改变购买品牌的（**不满意**）客户。在这里，他特别重视那些不满意客户的意见。在员工方面，他定期约见各个不同层级、不同性别以及表现各不相同的有代表性的员工，倾听他们对企业经营的意见。

某跨国公司的副总给我讲过这样一件事。有一天，一位客户（**复印店铺老板**）投诉复印机质量问题，就近的销售服务人员在第一时间赶到了，但是由于客观原因一时修理不好并约定次日一定处理完毕。但是客户却不依不饶，声称要么老板来，要么赔偿有关损失。销售人员一时不知如何是好，他想这一定是客户有意刁难，集团领导哪能说到就到呢。事情不由他过多思考，他把情况报告给自己的顶头上司。令这位服务人员和客户吃惊的是，一个多小时之后，副总真的驱车赶到了，寒暄了解之后，即刻通知服务点马上送一台同类型新机器来供客户使用，故障机器运回公司修理。这时的客户不仅毫无脾气，而且还很过意不去，他无论如何也想不到一句气话还真的把老板请来了。在那之后，副总和那位店铺老板成了很要好的朋友，店铺老板还成了这位副总重要的倾听点。店铺老板逢人便说，某某公司很了不起，产品好，服务也好。一时间，店铺老板与某某大公司领导成为朋友的事被那条街的人们传为佳话。

　　由于这位副总亲临现场，具体发现了客户不满意的理由，因为每一刻的停机都会给用户带来经济上的损失或使用上的不便，采用机器替换形式来帮客户应急，就成为公司服务客户的一条新举措。

　　这个事例告诉我们，客户的不满意意见有时更能帮助企业进行改善，另外到现场去了解客户的要求，还能够提出最贴近客户期望和需求的对应措施。

五、如何解决客户投诉和问题

1. 客户投诉和问题的解决

首先要使得客户提出的投诉和问题本身获得满意的解决。任何对客户投诉及不满的漠视和对客户投诉的无所作为都是必须避免的。前面讲的那个故事是成功解决客户投诉的一个例子，它不仅使那位不依不饶的客户投诉得到圆满解决，成为一位最忠诚的客户，而且这位客户的体验还使他成为品牌的义务宣传员。

某一品牌商品出现投诉后，客户投诉处理结果与后续购买意愿的关系如表 5-2 所示，客户投诉和问题解决得好，获得客户满意时，就能延续客户对品牌的忠诚，反之客户将放弃对本品牌的支持。同时，表中的结果也告诉我们，客户投诉不等于客户最终的不满意。我们甚至可以利用客户投诉的机会来强化客户对我们高水平服务的认同，强化他们对品牌的忠诚度。

表 5-2　客户投诉处理结果与后续购买意愿的关系

满意度 \ 购买意愿	继续购买	不再购买	犹豫不决
对投诉处理很满意	7	0	1
对投诉处理较满意	1	1	9
对投诉处理不满意	0	2	2

2. 防止问题的再次发生

比解决投诉问题本身更重要的是要防止问题的再次发生。即要将客户的投诉内容和客户的声音反映到生产及整个经营活动中，通过必要的程序切实落实到生产和服务工作的第一线，保证同样的问题不再流入市场，不再给客户带来麻烦。同时，将企业内的对策、措施等情况知会投诉的客户还能增强客户对企业的信心。

这里说的必要的程序是指企业内部加工客户投诉和相关的满意、不满意信息，传递这些信息，并使之变成有组织的对策活动的一种机制。有没有这种机制，企业的后续改善行动和结果是完全不一样的。假如没有这种机制，那么再好的反馈信息也不可能为企业所用，不可能成为企业改善经营的动力。

日本制造曾经以高质量著称，最近几年却出现了多起质量数据造假事件。这样一些错误做法对企业来说是致命的，因为它失去的不仅仅是各种失败成本，更重要的是失去了客户信赖和市场信用。

六、建立良好的客户关系

在今天这样竞争激烈的时代,市场割据和市场争夺愈演愈烈。要在竞争中处于有利地位和维持稳定持续的经营,建立良好的客户关系十分重要。

据有关调查显示,留住现有客户所需的投入不过是获得新客户所需投入的五分之一甚至更少。因此,通过建立良好的客户关系留住已有客户并使之成为忠诚的一员确实是一件事半功倍的事。一般来说,企业可以从以下几个方面来强化与客户的良好关系。

1. 改进服务,建立良好关系

要用长远的眼光来看待与客户的买卖关系。通过培养员工客户至上的服务观念和服务客户的专业技能,并以其亲切的态度去服务客户,与客户保持长期亲密的接触,持续满足客户不断变化的需求,提高客户的满意度和忠诚度。这里特别要强调的是员工服务客户的真诚态度和专业技能。没有这两个基本的服务基础,客户满意将成为空话。

2. 加强沟通,建立良好关系

要运用现代信息处理技术对客户资料,如客户的购买记录、客户个人和家庭的情况以及客户的兴趣爱好等重要信息进行有效的记录和管理,并依据这些信息、资料长期与客户进行家庭般的沟通和交流,对客户进行人生关怀、亲情服务。如果能做到这一点,企业与客户之间就可以建立一种建设性的伙伴关系。客户在得到来自企业家庭般服务的同时,会越来越关注企业的发展。在这方面,许多优秀的企业都有一些很好的经验。

总之,是以客户满意的服务精神服务客户还是以自我为中心的服务态度对待客户,最终得到的与客户之间的关系是完全不同的。两种服务理念的对照如表5-3所示,我们把两种不同的客户服务思维及其结果作一比较可知,只有时时处处为客户着想,才能真正获得客户的认可,创造双赢的良好局面。

表5-3 两种服务理念的对照

●客户满意的服务精神	●自我为中心的服务态度
时时处处为客户着想	时时处处为自己着想
站在客户的立场上,为客户考虑	站在自己的立场上,为自己考虑
聆听客户心声	自己没错,是客户错了
考虑客户需求	不考虑客户需求
受到客户欢迎	遭到客户拒绝
引起客户共鸣,得到客户的认可	无法引起客户共鸣,得不到客户认可
相互都得到发展	双方都得不到发展

七、客户满意度的确认和把握

要改善客户满意度，就要对客户满意度进行有效的把握。评价客户满意度的方法各种各样，有条件的可以委托专业机构进行评价，没有条件的企业可以有内部相关部门进行测定。

一方面，根据经验，要想让客户满意度调查结果真正做到客观有效，有可比性，是一件十分困难的事。而且，不少企业把客户满意度调查结果用来评价部门或员工的工作绩效，更有可能让评价结果数据失真，这值得我们警惕。即便如此，企业还是要定期对客户满意度进行评价，并借机了解客户可能存在的不满意信息。

另一方面，满意度调查表及调查方法也不是一成不变的，需要进行不断的优化和改进。

企业管理者在任何时候都要了解和关注客户满意度变化的情况，特别是要把自己企业的客户满意度与对手的数据作比较。从比较中发现需要改进的方面，从比较中学习对手的长处。

八、超越百分百的客户满意

客户满意的含义也在不断进化之中，在美、日等国客户满意已被不断赋予新的内涵。

① 通常的客户满意（Customer Satisfaction）：商品和服务与客户期待等值。

② 优秀的客户满意（Customer Delight）：商品和服务高于客户的期待，会为客户带来喜悦的心情。

③ 最好的客户满意（Customer Success）：指商品和服务的提供者和客户之间建立了一种共存、共赢的伙伴关系，商品和服务不仅能满足客户的使用要求，而且还会为客户带来成功的体验。

一个企业如果做到了最好的客户满意，让客户得到超值的享受，它将拥有最忠诚的客户群和客户口碑。为了做到最好的客户满意，我们要持续不断地提升客户价值，改善客户满意度。

这是一个关于快递企业优良服务的小故事。他们在服务客户的时候，向客户承诺邮件安全、准时地递送。他们要求员工不管刮风下雨都要实现对客户的承诺，而且员工自觉做到的比企业要求的有过之而无不及。一名员工在一次递送服务中，发现高楼电梯因供电原因停开，这名员工毫不犹豫地背起邮件拾级而上，当他到达数十楼高的办公室把邮件送到客户手中时，客户得到的就不止是邮件，更有由衷的感叹和深深的感动。

某航空公司在客户满意方面做得非常好。曾有一位旅客到达机场后发现，离飞机起飞还有一个多小时，而在他的航班之前还有一个航班也能到达目的地，他来到服务台要求改乘较早的一班飞机，很遗憾服务人员在查询后发现他要改签的那班飞机客满。旅客毫无怨言地回到座位上耐心等待。几分钟之后，一位彬彬有礼的地勤人员来到这位旅客的面前，再一次说明经过再三确认后还是调不到航班，在表示歉意的同时递上一张现金券。如此这般服务客户，使得这家航空公司在没有豪华大型客机，而只有最普通的波音737的情况下，却成为商务人员出行的首选。

九、满足客户的个性化需求

21世纪的企业成败很大程度上取决于其个性化经营上面。个性化经营是客户要求多样化、个性化的必然产物。重视客户意见，满足客户个性化要求，改善客户满意度已经成为挑战竞争对手，确立企业竞争优势的重要内容。

曾经在一本美国周刊上读到一篇耐人寻味的反省性文章。日本和美国同样是汽车消费大国和生产大国。每年有数百万辆的日本车登陆美国，而美国车出口日本的则是寥寥的数千辆。何以出现如此大的反差，市场研究人员经过研究后终于发现了问题，除了故障率比日本车高之外，就连最简单的方向盘都没有设计成符合日本客户要求的右边。这就是漠视客户需求，尤其是客户的个性化需求。

随着数字化时代的到来，客户的个性化需求又有新的发展。商品的小型化、便携性、环保性、安全性、数字化、网络化、功能的复合化和不断的升级换代，以及服务的快捷、便利和人性化等都是客户需求发展的新特点。企业必须顺应这种需求的变化，在产品和服务的开发、生产和服务客户的过程中以变应变。

十、客户满意的新思路、新方法

信息化的发展已经使客户投诉、客户信息收集处理以及后续的对策实施逐步实现网络化。有些企业开始通过网络进行客户信息及市场反馈信息管理。还有人建立公共的信息平台为企业代理客户投诉信息收集、处理业务。这从一个侧面反映了在客户服务、客户满意方面已经在从前投诉电话的基础上酝酿着突破。

还有些商品和设备，生产厂家还在其产品上追加了远程诊断功能。比如一些品牌的复印机就是一个很好的例子。客户使用中的机器（当然是在网络中使用）出现了问题，机器会在第一时间将故障信息传递给制造企业的客户服务中心。企业的服务人员会在无任何投诉和修理要求时远程提示处理办法，必要时会在一两个小时之内出现在客户或用户面前。他们的服务真正超越了客户的要求水平，能享受如此这般的超值服务，客户肯定是满意的，也一定会成为企业最忠实的客户。

客户满意既是目的，又是手段。说它是目的是指客户满意是企业经营活动中追求的经营成果之一。说它是手段是因为通过使客户满意可以赢得更多客户（包括回头客），为企业赢得更多的商业机会和经营利润。

在我国，各行各业的服务水平快速提升，特别是借助于移动互联网技术，人们有条件不断创新服务客户，追求客户价值提升的新方法。我相信，除了中国制造之外，中国服务也将享誉全球。

Chapter 6

三大核心能力建设与管理效能提升

一、精益研发能力提升

1. 正确认识研发能力提升的重要性

优秀的企业管理者都应该清楚,一个企业要想占领市场、赢得可持续发展机会,离不开利他的经营哲学、前瞻的战略思考、过硬的产品质量、优秀的人才队伍等,但最重要的方面还是要有过硬的技术和产品。

伴随企业发展的进程,我们需要不断思考新技术的学习和应用,产品的优化和创新。所以,现代企业竞争力的核心是企业的自主创新能力。

特别是在经济逆全球化正在发生的今天,中国企业如何保持与外部有效的技术沟通,不断提升研发能力,成为未来发展和制胜的关键。

(1)可以获得更高售价或毛利率。

高毛利率、高预收账款、高研发费用加一块是"好三高",有这三高的企业几乎可以断定是好企业,华为就是典型代表。高售价、高应收账款、高销售(代理)费用加一块是"坏三高",有这三高的企业往往一时显赫,结局凄凉。好坏三高的差别在于推动高利润率和高售价的动因不同，前者靠技术和产品的研发创新，后者靠销售提成等的强力推动。

预收账款的多少，也可以反映出企业产品的竞争力，以及企业对研发创新的信心和态度。通常只有新产品、品牌产品或稀缺产品才能做到先收钱后发货。竞争者同样会看到这种商机，要想持续保持这种领先优势，企业需要不断地投入资源，进行研发创新。深究之后，你会发现，预收账款大的企业往往研发支出也大，这也算是天道酬勤吧！

（2）可以获得更多尊重、认可和品牌影响力。

不仅企业关注研发投入，其实国家也在鼓励加大研发投入。所以，把研发费用从传统的管理费用中独立出来，可以凸显研发投入的价值和意义。管理费用高让人心痛，而研发费用高则让人心动。也就是说，重视技术和产品研发，有利于企业长远发展，重视技术和产品研发的企业将得到更多尊重与认可。

其实，企业发展有两条不同路径，一条是"低价格、低质量、轻创新"的传统下坡之路；另一条是"重研发、高质量、高价格"的向上爬坡之路。第一条路，做着做着就成了血汗工厂，甚至做成假冒伪劣产品。第二条路，早期会十分艰难，需要企业领导站得高看得远，耐得住寂寞，付得起代价，一旦做起来，就会走入良性循环，并形成可持续的品牌影响力。

华为每年把销售收入的10%以上投入研发，这种战略定力，很值得我们企业效仿和学习。

当然，企业研发也要实事求是，不能过于追求技术领先。为什么？一是因为最先进的技术不一定能市场化，不能市场化的技术对企业而言没有价值；二是做最先进技术意味着要一路探索，要有牺牲精神，而竞争对手有可能会从你蹚过的路中轻松复制。因此，企业界有个奇怪的现象，最早搞出某项新技术的企业，最后不一定是该项技术的获益者。

2. 精益 IPD 集成产品研发

IPD 的英文全称叫作 Integrated Product Development，中文名叫作集成产品研发，是一套先进、成熟的产品研发管理思想、模式和方法。只要能够成功进行精益 IPD 变革，就会给企业带来诸多的好处。

①产品上市时间大幅度缩短。

②产品开发浪费大幅度减少。

③产品开发产出大幅度提高。

④新产品收益（占全部收益的百分比）可以大幅度增加。

这四个方面的改善对企业竞争力提升大有好处。除此之外，精益 IPD 还可以帮助企业，统一做事的方法，大幅度降低沟通与协调成本，避免无效返工，一次把事情做对、做好；整个研发过程可视、可控，效率高，周期短；强调团队对结果负责，建设并活用端到端的流程体系，可复制；有利于培养人才，基于流程中对角色的明确要求，培养一批高素质的专业技术人才和项目管理人才；核心技术、核心能力的沉淀和活用，可以系统规范地积淀企业知识和智慧资产。

（1）精益 IPD 集成产品研发的导入。

IPD 是从大量成功的产品研发管理实践中总结提炼出来的，并被大量实践证明的高效的产品研发模式。

IPD 的思想来源于美国 PRTM 公司，而最先将 IPD 付诸实践的是 IBM 公司。为了重新获得市场竞争优势，IBM 借助于 IPD 方法，不管在财务指标还是在质量指标上都得到了很好的成果。

在 IBM 成功经验的影响下，国内外许多高科技公司开始尝试采用这套模式，特别是华为的成功运用，让 IPD 在社会上大放异彩。实践证明，IPD 既是一种先进思想，也是一种卓越的产品研发模式。

我们之所以在 IPD 前面加上"精益"二字，是想说明 IPD 并不完美，特别是 IPD 用在企业各种场景中，就更是问题多多，需要持续改进。在持续改进过程中，修炼研发团队的心智、意识和能力，使团队自觉遵守 IPD 规则，并在规则框架内，高效快捷地展开工作。

（2）精益 IPD 集成研发核心思想。

精益 IPD 的内容很丰富，主要包括跨部门团队、结构化流程、一流的子流程以及基于平衡计分卡的绩效考核体系、IPD 工具等。作为业内先进的产品开发理念，它的核心思想如下。

1）新产品研发是一项战略性投资。

对于高科技企业来说，新产品研发是一项最重要的投资决策。因为投入的不只有资金，最重要的还需要投入各种配套资源。对于一家企业来说，资源是有限的，正确的选择将给企业带来丰厚的利润。如果选择发生错误的话，不仅会造成资源浪费，更可怕的是失去市场机会和企业发展的机会。IPD 强调对产品开发进行有效的投资分析，在开发过程中，设置检查点，通过阶段性评审来决定项目是继续、暂停、终止还是改变方向。

2）新产品研发要以市场需求为导向。

IPD 强调，产品创新研发一定要基于市场需求和竞争分析。所以，IPD 要把正确定义产品概念、充分理解市场需求作为启动项目的第一步，着眼于一开始就把事情做对，并且从产品的整个生命周期出发，科学制订研发计划。

3）研发要实现跨部门、跨系统协同。

组建跨部门、跨系统的产品研发团队，通过有效的沟通、协调和决策，实现跨部门、跨系统高效协同，并最终达到将产品快速推向市场的目的。

4）研发要采用高效并行工程。

高效的并行工程是缩短新产品上市周期的科学方法和重要手段。将产品研发按照最终产品、子系统、技术分解为不同层次的任务，由不同部门并行完成各个层次的开发任务，这里的不同部门指的是市场、计划、采购、设计、工艺、生产和检查等部门。所以，高效的产品研发及并行工程不是研发一个部门的事，是和研发流程有关的所有部门的事。它通过严密的计划、科学的节点管理，把原来许多串联实施的活动进行并行管理，大幅度缩短产品研发周期。

5）共通化改进与降本设计。

尽量采用通用模块、组件和材料等，大幅度提高产品开发效率和质量可靠性，减少零部件数量，降本增效。如果产品是基于许多成熟的技术、零部件和模块集约而成的话，能够使得改良产品质量、进度和成本等工作变得十分高效。特别是针对那些批量大，技术相对成熟的产品和技术，需要本着精益求精的精神，不断研究降本设计的可能性，在保障质量的同时，降本增效。

3. 精益 IPD 取得成功的愿景和精益方法

由于华为的成功，让很多企业心生羡慕。做梦都想成为第二家、第三家华为公司。当然这很困难，但并不妨碍很多企业从各个不同维度、角度，研究华为，向华为学习。

Chapter 6 三大核心能力建设与管理效能提升

在我看来，当前企业学华为没有错，错的是企业都期望找到捷径。华为绝不是一天练成的，是数十年持续修炼的结果。所以，市面上出现一种状况，照搬华为基本法，改写成自己的基本法，这种企业不在少数，但是最后只是一篇并不生动的作文而已。请专家讲华为狼性文化的企业也很多，但是自己的团队依然像绵羊一样，没有力量。照葫芦画瓢，花大价钱请专家帮助导入IPD，却发现，书上说的美好都与自己无关。这是怎么回事？

根据经验，华为的成功，是内部、外部诸多因素共同作用的结果，所以华为值得学习和借鉴，但是华为不可复制。

研发能力的未来愿景如图6-1所示。

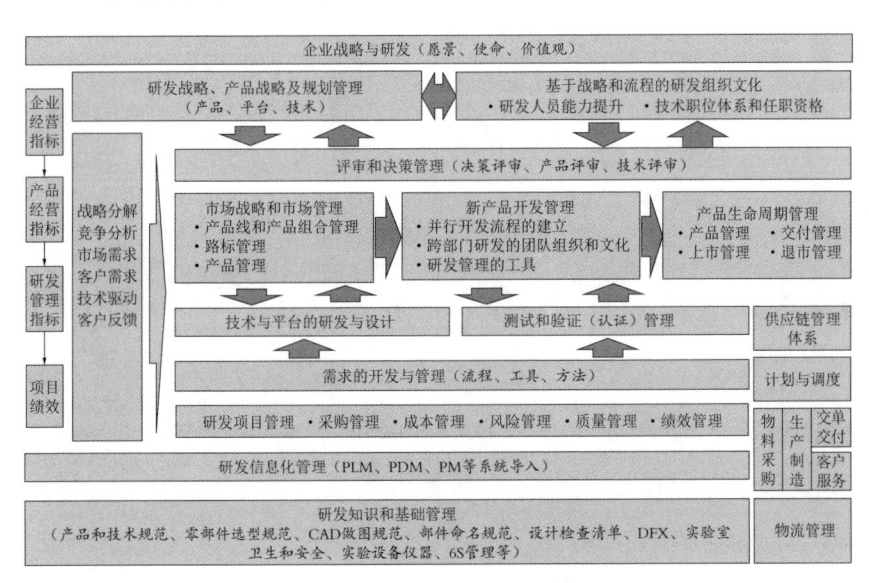

图6-1 研发能力的未来愿景

从架构图中可以看出，导入精益集成研发系统，建设卓越精益研发能力，需要从以下五个层面着手，展开工作，进行改善。

（1）研发目标定义。

研发目标来源于企业经营战略，一般来说，可以从两个不同维度进行定义。一个是技术和产品维度的目标，比如新品销售占比、新品开发周期和回收周期、研发投入占比等。另一个是组织、员工和文化发展维度的目标，比如培养多少位项目经理，获取多少项专利等。

（2）研发战略规划。

为了提升企业技术和产品竞争力水平，科学规划研发战略十分关键。具体需要做好三件事情，第一是做好内外部环境分析，把握市场动态，研究对手情况，了解用户现在或潜在需求，并结合自身现状，规划市场战略、竞争策略、产品线组合等内容。为了更好地做好研发战略的落地工作，企业可以采用研发战略研讨会等形式，集思广益，统一意志。

（3）研发项目管理。

研发项目管理的内容很广，主要包括采购管理、成本管理、质量保障、研发周期、风险控制、图纸、BOM、工艺等内容。研发项目管理，还包括研发里程碑的定义，以及与里程碑对应的各种测试、验证等工作。研发项目管理强调，内容和形式（仪式）的高度统一，有时候需要以庄重或重大"仪式"，倒逼项目小组，改善进度，提升效率。

（4）研发智慧管理。

研发智慧管理主要包括知识、智慧管理和信息系统建设。知识、智慧管理的价值在于，让团队站在前人的肩膀上，向上攀登，不仅可以提高研发效率，更重要的是，有利于技术和产品的迭代，实现超越对手，超越自我的目标。信息系统建设要遵循精益化、智慧化原则，为提高工作效率，为减少犯错机会服务。

（5）研发团队修炼。

综上所述，精益研发，需要管理的工作和内容很广，需要学习的工具和方法很多，还需要累积大量的经验、智慧。国内许多企业，在技术和产品研发过程中，之所以问题多发，防不胜防，总是带病投产，带病销售，问题就在于，既有的研发系统支离破碎，漏洞百出。面对企业当前研发上遇到的困难，许多企业，试图从华为身上得到灵丹妙药，是不现实的，希望通过导入 IPD 一剑封喉，也是十分错误的。

正确的做法是，紧盯美好愿景目标，本着造物育人的理念，从以上多个维度出发持续创新和改善，在实战中不断提升团队的素养、意识和能力，并在团队内逐步形成持续创新改善的文化。只有做到了这一点，IPD 才能够真正为团队所用，为企业带来越来越大的价值。

二、精益制造能力提升

1. 走向精益制造理想的高境界

我以丰田为例,让大家更清晰地了解企业如何能够走向精益制造理想的高境界。丰田倡导的精益思想和最佳实践,也就是丰田生产方式的基本逻辑如表 6-1 所示。

表 6-1　丰田生产方式的基本逻辑

精益生产与七个零目标	两个原则	多个支撑	大量工具/方法运用
高效精益生产方式 ① 零缺陷 ② 零库存 ③ 零浪费 ④ 零故障 ⑤ 零切换 ⑥ 零停滞 ⑦ 零事故	准时化	设备可靠性提升	◆精益管理方法:拉动式生产、看板管理、均衡化、混合生产、单件流、U 型线、一人生产、多能工、安灯系统、防呆纠错改善、零件通用化等 ◆通用改善工具:5S、QC、可视化、SMED、员工提案、课题改善、IE、TPM、VSM 等
		计划准确性提升	
		物料可靠性提升	
		配送精准化改善	
		……	
	"自働化"	技术可靠性提升	
		员工熟练度提升	
		作业标准化改善	
		环境可靠性提升	
		……	

（1）正确看待七个零目标。

大家都知道，精益生产追求零化目标，即七个零目标，分别是零缺陷、零库存、零浪费、零故障、零切换、零停滞、零事故。世界上这些零化目标真的能实现吗，丰田是不是已经实现了呢？回答是否定的，这些零化目标是不可能实现的，而且丰田也没有实现这些零化目标，丰田至今还走在追求零化目标的路上。事实是，这些精益零化目标只能无限靠近，却无法真正实现，是一种理想的高境界。

既然不能真正实现，又何必孜孜追求？这是因为，只要朝着这个理想的高境界持续追求，快速进步的话，企业经营体质和竞争力水平就会不断提升，就能在市场竞争中立于不败之地。所以优秀企业，特别是优秀制造型企业，无不借助精益思想、方法和行动来推动企业进步。丰田是这样，理光是这样，华为也不例外。因此可以说，企业走精益之路，说到底是企业领导和企业员工通过精益改善行动，朝着理想的目标不断修炼意识、思维和能力的过程。企业领导有必要从自己开始转变观念，影响和带领全体员工一起，信奉精益，实践精益，把企业带向更美好的未来。

（2）支撑精益生产方式的七大系统。

精益生产是制造业企业经营的核心能力之一，它是由精益现场管理、零故障设备保全、零缺陷质量改善、PMC计划管理、供应链管理、物流精准配送和高效率生产制造等七大关键系统组成。了解和认识这些系统的内容和特点，可以帮助我们认清精益生产能力改善提升的方向。

1）精益化现场管理系统。

精益化现场管理遵循"人造环境，环境育人"的思想，以效率为导向，通过员工动手，动脑的过程，塑造高效整洁的现场，温馨明快的工厂，为高效生产创造条件。

- 精益化工厂布局：追求物流动线最短化，实现厂区物流高效顺畅。

- 精益化5S管理：通过常态化，持续不断地进行整理、整顿追求环境整洁有序、物品摆放合理、标识一目了然，并最终培养员工良好的行为习惯，提升素养水平。

- 精益化标准作业和作业标准：为了实现高效生产和管理，标准作业是基础。基于标准作业的作业标准才能真正成为员工作业的指引，才能保障作业的质量和效率。

- 人才快速复制：通过道具化制作，道场化运营，让员工技能或能力提升成为一个可简单复制的工业化训练过程，周期短，效率高。

2）零缺陷与精益化设备管理系统。

精益化设备管理倡导"我的设备，我做主"的自主意识，以零故障和设备效率提升为目标，聚焦设备可靠性，进行管理和改善。

- 设备自主保全：让设备使用者尽可能多地参与设备清扫和设备日常保养，提高设备可靠性，减少对外部门或外部供应商的依赖。当然，诸如电梯、配电设备等法规要求必须由外部机构维保的设备除外。

- 设备专业保全：根据需要，培养懂设备原理的专业人员，对设备进行专业保全、定期养护和专业检修，保障或提升设备稳定性，降低故障率。

- 设备标准化、效率化管理：对设备操作、点检、润滑和检修等作业进行标准化管理，并通过可视化、数字化和智能化等手段，追求作业的效率化。
- 设备改善活动：除了自主保全、专业保全等之外，还应该规划并实施设备复原，对微缺陷、发生源和困难源、标准化和效率化不足等问题进行检视和改善。

3）零缺陷与精益化质量管理系统。

精益化质量管理重视源头改善和预防管理，以零缺陷为目标，以"自働化"为原则，贯彻"不接受不良品、不生产不良品、不流出不良品"的思想，不断研究不犯错的机制和方法。

- 设计质量管理：对产品结构、工艺等进行零缺陷设计，是最高效的质量管理。因此，技术部门、生产部门和质量部门等，在产品研发阶段就积极参与其中，就可以极大地降低加工、装配难度，提升质量可靠性。
- 来料质量管理：源头管理是最有效的管理，越是在源头解决问题，效率越高，效果越好，管理和失败成本越低。所以帮助供应商提升管理，在供应商端做好质量管理管控，有利于提升工作效率，降低供应链成本。
- 过程质量管理：在加工和生产过程中进行的质量控制，主要包括员工作业熟练度提升、作业标准遵守情况的确认和监督、过程中自检和他检的实施、防呆纠错工装夹具的制作，以及工艺技术问题反馈等。
- 产品终检管理：按照国标、行标等有关标准进行抽样检查，确认产品批量的合格率水平，并就检查中发现的问题，向前端提出改善意见或建议，积极履行终检责任。
- 质量体系与客诉管理：建立健全质量管理体系，并在质量管理体系运营中，积极推动PDCA（改善）循环和SDCA（标准化）循环，持续提升企业质量管理水平。

4）快捷交付与精益化PMC管理系统。

导入精益PMC，做好生产计划和资源调度工作，持续提升订单快捷交付能力水平。

- 零件供应能力提升：与供应商建立良好伙伴关系，帮助供应商提升管理水平，并通过看板拉动等方式，提高供方交付保障能力，实现零部件少库存、快捷交付的目标。

- 精准配送系统建设：以准时化和零库存为目标，持续进行物流和配送改善，内容包括运输方式和运输工具的选择与优化、零部件包装形态和运输批量的设计与优化、面向生产线的精准配送节拍管理与优化等。

- 异常停机停线管理：快捷交付不仅受零部件交付延迟的影响，也会受到设备状态、产品质量、换线时间、员工熟练度、内部物流以及其他4M变动的影响。PMC部门必须打起十二分精神，除了对各种生产资源进行合理调度之外，还要对生产管理过程中发生的各种异常进行及时跟进、协调和改进，持续降低各种异常对快捷交付的影响。

5）供应链管理系统。

所谓供应链管理，是指从接收订单开始，到产品交付为止整个链条上信息流、实物流和商流的管理。供应链管理可以分为内部供应链和外部供应链。

- 内部供应链管理：是企业内部信息流、实物流管理的内容，内容包括零部件接收、零部件检查、搬运、仓储、生产、产品终检、产品入库和产品出货等整个流程的管理。

- 外部供应链客户端管理：关于客户端管理，通常需要从市场和营销战略出发，做好客户定位，实施分类管理，对符合战略定位的客户进行重点扶持。在运营层面，还需要与客户一起研究改进市场需求和订单管理办法，追求客户的客户。
- 外部供应链供应端管理：企业要从经营的高度出发，定义供应链战略，决定哪些零部件或产品自制，哪些外发加工或采购。那些不重视制造环节，一味追求外购的思维和那种追求大而全，万事不求人的做法都是错误的。而要因地制宜，战略性地平衡好内部制造能力塑造，追求高效率与外部供应链塑造，追求轻资产之间的关系。

6）物流精准配送。

在追求准时化和零库存的路上，物流精准配送是绕不开的话题。所谓精准配送，就是由物流部门，按需要的数量和需要的时间，把需要的零部件配送到需要的工位上。总之，配送的目的就是要让创造价值的员工能够做到心无旁骛地专注于增值的工作或作业。

- 配送方案设计：需要具体决定每一个零部件对应的配送工具、零部件状态、配送批量数量以及配送节拍等具体内容，是一项十分细致的工作。
- 配送方式改善：还需要本着持续改善精神，改良配送方法，提高配送效率，不断缩短中、大零部件的配送周期等。

7）高效率生产制造系统。

- 均衡生产：通过对工序间、工段间的平衡率进行测定，找到不平衡和瓶颈部位，通过调整和改善，让工段间、工序间的能力走向均衡，实现均衡生产，提高生产效率。
- 消除浪费：消除各种无价值的作业和工作，比如走动、弯腰、转身、单手作业、双手空闲和双手交换等动作浪费。还有等待的浪费、搬运的浪费、过早过度加工的浪费、库存的浪费、不良的浪费等。

（3）丰田没有对外说的精益秘密。

丰田汽车一直大张旗鼓地宣传精益生产，讲述各式各样高效的生产方式、工具和方法，而对精益战略、精益研发和精益营销却谈得很少。以至于人们错以为，精益生产方式是丰田秘密的全部。

其实不然，丰田汽车的战略、研发和营销管理也十分了得。战略、研发和营销通常涉及企业经营秘密，而且某些策略、举措容易被模仿或复制。相反，丰田之所以能够大方地对外讲述其高效的生产方式，原因在于，生产方式主要涉及运营管理层面的内容，而且运营管理是最难以模仿、复制的部分。

丰田的精益战略管理主要包括文化传承、组织传承和战略管理三个方面。丰田自创立以来，为社会造好车的信念以及精益求精的改善文化始终如一，毫不动摇。丰田重视梯队建设和组织传承，不主张个人英雄主义。照理说，丰田是最应该出"经营之圣"的伟大企业，竟然没有推出一位经营之圣。丰田的战略低调而有力，从它的产品系列规划就可以看出，其战略具有高度的稳定性和一致性，正所谓一张蓝图绘到底。

丰田的精益研发有三大特点。一是，产品系列相对稳定，产品更新换代从容不迫，很少因为外部因素而坏了节奏，稳扎稳打。二是，重视产品安全性和可靠性，因为他们认为好产品是设计和制造出来的，而不是检查出来的。三是，通过零部件共通化等措施，实现产品全生命周期成本最低的优良设计。因为，产品成本的 80% 是在研发设计阶段决定的。

丰田的精益营销与众不同。在这方面，他们一直用心做好三件事情，第一，出版一套 TPS（Toyota Production System，丰田式生产管理）的书，传播精益管理智慧和思想；第二，用展厅讲述产品设计制造理念、精益生产方式以及精益改善的人和事；第三，组建专职团队，免费接待来自世界各地的参访团，传播精益思想，解读丰田故事。他们抱着满满的诚意，认真做好这三件事，在润物细无声中影响和教育大众，这就是精益营销的价值所在。

2. 支撑精益生产方式的思想和方法

支撑精益生产方式的思想和方法很多，本书只对其中一部分重点内容进行介绍。

（1）精益生产七个零化目标。

精益生产追求七个零化目标，就是要追求零浪费的终极目标。

第一，追求"零"缺陷。质量不是检查出来的，也就是说，检查并不能减少不良浪费，而应该在不良产生的源头进行预防和改善，才能够逐步消除不良，让不良浪费趋于零。

第二，追求"零"库存。把加工、装配的所有工序连接成线，通过采用拉动式管理，让在制品在线上流动起来，减少或消除中间在制品库存；变备货生产模式为订单同步生产模式，把产品库存降为零或趋于零。

第三，追求"零"浪费。不断消除搬运、等待等不产生价值的作业，让浪费趋于零。

第四，追求"零"故障。本着防微杜渐和预防为主的思想，持续开展5S现场管理和TPM设备保全活动等，不断减少设备故障停机时间，让设备故障停机时间趋于零。

第五，追求"零"切换。通过多产品混合生产、缩短切换时间，以及把生产中的换模、换线等转产切换时间浪费降为零或者趋于零。

第六，追求"零"停滞。通过持续改善，控制4M变异，采用看板拉动，最大限度地压缩生产周期，促进信息流和实物流快速流转，逐步消除中间停滞，让停滞趋于零。

第七，追求"零"事故。推进安全管理活动，及时发现和排除事故隐患，追求零事故。

除了七个"零化"目标之外，精益还有两大支柱，或两个原则，一个是"自働化"原则，另一个是准时化原则。所谓"自働化"，是那些傻瓜都不犯错的机制和方法的总称。"自働化"原则为质量改善、安全改善指出了最优路径，"自働化"是导向、是手段，零缺陷是目的。准时化原则为减少停滞、降低库存指明了方向。同样，准时化是导向、是手段，零浪费、零库存是目的。

（2）关于浪费和消除浪费的思想。

精益生产的目的，就是消除一切浪费。生产方式决定成本构成，最好的低成本生产方式，就是精益生产方式。那么，生产制造环节，到底有哪些浪费呢？为此，丰田汽车提出了"七大浪费"的概念，分别是指不良及修理的浪费、过分加工的浪费、动作浪费、搬运浪费、库存浪费、制造过多过早的浪费，以及等待的浪费。后来，加上管理的浪费，这样就成了我们常说的"八大浪费"。

其实，八大浪费只是从精益生产的角度所看到的浪费。换个角度看问题的时候，我们还能够看到更多的浪费，获得更多或者更大的改善机会。

第一，资源方面的浪费。人、财、物都是企业重要的经营资源。现代企业，还有其他更多经营资源，比如信息资源、技术资源、品牌资源、客户资源以及员工智慧等。减少资源浪费，提升资源利用效率，是精益管理和精益改善的重要方面。

第二，产出方面的浪费。销量、售价、质量、成本、交付、安全、士气等是企业的关键产出。持续优化产出水平，就能够减少产出方面的浪费。

第三，流程方面的浪费。在现实中，在流程时间和流程价值等两个方面都存在浪费。

除了从投入、产出和流程等三个维度识别浪费之外，还可以从不同广度和深度看问题，找浪费。总之，除了人们常说的八大浪费之外，我们应该擦亮眼睛，开阔视野，主动暴露问题，并通过持续改善，消除浪费，提升效益。

（3）可视化管理与安灯系统。

为了消除不良，提高效率，采用让人一目了然的可视化管理，十分有效。可视化管理，可以让人们能够轻易判断管理状态的好与坏、正常与不正常，有利于及时发现问题和解决问题。实现可视化管理的方法有多种，生产线上最常见的可视化方法有四种：一是安灯系统，二是标准作业票和管理看板，三是生产进度数字看板，四是各类物品摆放标识法。其中安灯系统是可视化管理的一个重要方法。它的意义在于，及时暴露生产异常，倒逼团队快速反应和持续改善。

在丰田汽车的生产车间，或者学习过 TPS 的人都知道，丰田在装配车间所有工位的上方，都安装了几个灯泡，有绿灯、黄灯和红灯，然后在作业者面前设置几个小按钮。只要作业者一按某个小按钮，工位上方的灯泡就会闪亮起来，而且伴随着特定的报警声或者音乐声。

汽车装配间都是大厂房，在一间敞亮直通的大厂房里，只要灯泡一亮，报警声一响，所有人都能听到、看到，冲击力非常强。这些灯泡及其相应的运营办法，就叫安灯系统。使用安灯系统，至少有两个目的，一个是要求每一道工序发生的问题要在本工序处理完结，另一个是防止不良品流入下一道工序。

安灯系统有两个重要约定。

第一个约定是，在装配作业中，如果遇到困难，或者发现质量有问题，工位员工可以进行自主判断，自己决定是否点亮安灯，甚至是否拉停生产线。如果员工认为，只要有人支援，就可以在节拍内把问题处理完结的，就按下黄色按钮，黄色安灯亮。如果员工遇到问题，并确定节拍内无法把问题处理完结的，就可以按下红色按钮，红色安灯亮。红色安灯亮的时候，生产线就会被强行停止。

第二个约定是，安灯亮和报警声响起，等同于应急命令。每当这个时候，拉长、主管、品质部门以及技术部门的人员必须立刻快跑，来到安灯点亮和报警的工位，紧急会诊，研究对策，并以最快速度解决问题，灭掉安灯，让流水线恢复正常运转。

真正能把这两条约定执行到位，才能发挥安灯系统的作用。在我们许多企业里，安灯系统用不好，原因在于，我们不具备以下几个基本条件。

第一，安灯系统要求，把生产线停线的权力直接交给装配线上的员工。即便造成停线损失，也在所不惜。

第二，企业领导要以博大胸怀，包容员工犯错，营造敢于暴露问题的氛围和条件，激励并培养员工主动发现问题的好习惯。

第三，安灯系统要求，团队要有快速反应、协同的意识，更要有快速解决质量、工艺和设备等问题的能力，以便及时灭掉安灯，让生产线恢复正常运行。

这三个方面的条件相辅相成，是一个有机的整体，需要在长期的精益管理实践中，不断磨炼，持续改进。也就是说，安灯系统的有效运营，需要精益持续改善文化支撑。否则，安灯系统就是一套没有神韵的道具，注定会成为摆设，吃力不讨好。

（4）后工序拉动与看板管理。

后工序拉动，是实现准时化生产的重要手段。精益生产要求，以最终用户的需求为拉动生产的起点，并通过前后工序产能和物流平衡，减少信息流和实物流停滞，缩短生产周期，追求零库存。由于采用后工序拉动方式实施生产进度控制，生产中的计划与调度理论上可以由各个生产单元独立来完成。但在实际运行过程中，生产单元之间的协调和调度依然十分重要，这需要生产管理PMC部门的精准计划和精确调度。

看板是实现后工序拉动和准时化生产的关键手段。多数情况下，它是一张小卡片，卡片上表明后工序，在什么时间点，需要什么零件和需要多少数量等信息。这样做的好处是显而易见的，对后一道工序在需要的时候向前一道工序领取所需数量的零部件，前一道工序给出相当于领走数量的信息。

在这种情况下，如果后一道工序到前一道工序去取件，那么

"看板"就作为一种"需求指令"或"配送指令"将工序间连接起来,所以称之为"取货看板"或"配送看板"。

看板管理的应用场景很广泛,几乎可以涵盖实物流流转的所有过程。工厂和供应商之间可以用看板,发出送货指令。生产线和仓库之间可以用看板,发出出库和配送指令。车间之间、工序之间可以用看板,发出需求指令。成品仓库和生产线之间可以用看板,发出产品入库指令。甚至,客户和工厂之间也可以用看板,发出订单交付指令。

关于看板,丰田比较多地采用实物看板。随着信息技术的发展,越来越多的企业开始采用电子或数字看板,并通过ERP或MRP系统等手段,加快信息流和实物流的流转速度。可见,看板用得好的话,可以缩短实物流周期,在实现快捷交付的同时,减少库存。

(5)省力化、省人化和少人化思想。

省人化和少人化,到底有什么区别?其实,这两者之间,有区别,而且区别很大。所谓省人化,就是把作业人员省下来,以便降低成本,提升效益,是精益改善的重要目标之一。具体方法有很多,比如通过减少动作浪费、自动化机器换人、工艺改善和流程优化等,都可以达到省人化的目的。

在管理实践中,也会遇到这样的情况,通过购买自动化设备,只能替代少于一个人的作业量,比如0.9个人,还有10%的作业需要人工参与。最终,这个自动化设备只做到了省力化,而没有实现省人化的目标。意思是说,导入自动化的时候,有可能出现省力不省人的情况,使得自动化设备投资很不划算,需要引起人们注意。

所谓少人化，就是根据生产量的变化，按比例调整投入人数的做法，是重要的精益思维和原则之一。为了更好地理解少人化思想，我们可以举一个简单的例子来进行说明。

假如，有一条100名作业人员的生产线，正常情况下，每天生产100台，正好可以满足每天100台的订单。有一天，客户订单突然变成50台，但未来订单还不确定，这个时候，怎么办？管理者有三种可供选择的做法。

第一种做法是，在订单恢复到100台之前，让生产线慢慢做，只要把50台的产量做出来就行了。很显然，这种做法违背了精益思维和原则，不仅浪费了劳动力资源，还打乱了生产线产能（单位时间产出能力）的节奏，时间长了，更会让生产线变得懒散、低效。等到客户订单恢复到100台，需要释放产能的时候，生产线可能需要再经历一个爬坡的过程，造成速度损失的浪费。

第二种做法是，把生产线人员减到50人，把每天50台的产量做出来。这样做的好处是，生产线依然保持每天每人生产一台的能力。有人可能会问，多出来的50人怎么办？其实，多出来的员工可以另行安排，或者做改善等别的工作，或者轮休。

第三种做法是，如果订单减少是临时性的，就可以安排生产线用半天把50台的产量做出来，剩下的半天时间可以安排做别的事情。

以上第二、第三种做法，遵循了少人化原则，有利于生产线保持好的竞技状态。也就是说，千万不能用两个员工，去干一个员工就可以干好的工作；千万不能用两平方米的地方，去干一平方米就可以干好的事情；千万不能用两台设备，去干一台设备就能干好的作业。上述两种假设便于达成两个重要目的：一是减少资源浪费，二是让生产或经营资源始终保持最佳竞技状态。

（6）柔性生产与多能工培养。

为了满足市场小批量多品种和客户不断变化的需求，创新生产组织方式势在必行，以提高生产线应变能力，实现柔性制造。其中，U型线生产、细胞或单元生产等，都是在精益实践中发明出来的创新生产方式。

采用U字型进行设备布置，有其独特优点。一是，生产线入口和出口处在相近或同一位置，入口和出口作业可以由同一人完成，这样做可以减少人的走动和工具的搬运等，提高生产效率。也就是说，在规划生产线的时候，一定要避免设备孤岛式布置、直线型布置和一个作业员智能操作一台设备的鸟笼型布置。

细胞或单元生产是在U型线生产基础上的发展。可以设想一下，在一条U型线上，作业员随着产品（在制品）一起，一个接一个地流动，实现一个流生产。在这样的生产线内，调整产能变得非常简单，只要根据订单数量的变动，按比例增减作业员人数就可以了，生产线柔性得到极大提高。唯一的难点是，员工必须掌握多台设备的操作技能或者多个工序的作业技能。

也就是说，要想追求少人化生产，我们就必须着力培养多能工。培养多能工需要进行两个方面的环境建设，一个是软环境建设，即通过人力资源制度设计，用技能补贴等形式，让员工得到好处，提升他们成为多能工的意愿。二是硬环境建设，即通过一些好的培养方法来实现目标。

培养多能工的具体方法不少，其中轮岗制就是培养多能工的好办法。具体办法是，先把班组长培养成多能工，成为现场团队和员工的示范。接下来，对作业员在组内进行轮换，让作业员熟悉更多工序或设备。当然，为了让作业员真正能够应对多个岗位，需要进行常态化轮岗训练，以保持较高的熟练度。

（7）缩短作业切换时间的四个方法论。

在生产组织过程中，一定会遇到各种各样的切换。而所有切换都不产生价值，造成严重的浪费，所以缩短切换时间就能够极大地提高生产效率。这里介绍缩短切换时间的四个方法论。

一是，把内部切换和外部切换分开，尽可能地把内部切换转换为外部切换。所谓内部切换，就是必须把设备或生产线停下来进行的作业切换。而外部切换，是指在设备或生产线运行中可以进行的切换。比如，冲压机更换模具的时候，新模具、工具和材料等的一应准备工作都可以在换模切换之前进行，它不影响冲压机的正常生产。而在内部切换时，只需要拆卸旧模具和安装新模具即可。

二是，尽可能缩短内部切换的时间。还是以冲压机的（换模）切换作业为例，可以通过制作滑轨，可以简单地把模具推进推出，就可以缩短内部切换时间。同样，注塑机换模的时候，可以通过加装冷却装置，缩短内部切换（换模）时间。

三是，一般情况下，设备或生产线在切换之后都需要进行调整，以便尽快稳定地做出良品。通过工装夹具以及工艺参数等的改善，尽可能缩短甚至消除调整时间。

四是，设法做到切换时间为零。可行的方法有很多，比如，可以进行零部件通用化设计来消除切换。又比如，可以规划并实施多产品混合生产来实现零切换。还比如，可以采用多台轻便设备（**设备昂贵的情况下不可行**）同时加工的形式，来消除切换作业。

有了这样几个好思路之后，就可以发动员工研究切换方法，比如切换作业标准化、使用快速紧固件、使用辅助工具、采用并行作业、利用自动化设备等。

（8）管理工具与改善活动机制。

为了更好地发现问题和解决问题，更快速地提升企业管理水平，人们需要借助于诸如5S、TPM、IE、VSM、6Sigma等各种管理工具。其中，以5S、TPM和IE的运用最为广泛，可以说这几个工具是精益生产方式获得成功的关键支撑。但是，需要特别指出的是，工具本身不是精益，所以迷信或崇拜工具万万要不得，我们一定要做工具的主人。

精益思想告诉我们，浪费普遍存在于企业经营管理的各个方面，精益管理说到底就是减少和消除浪费。为了让消除浪费的活动可持续，必须进行机制化推动。考虑到浪费存在的形态不同，我们需要规划并推动以下不同形式的改善活动。

① 针对散落在民间的小问题、小缺陷或者小浪费，可以通过导入制度化的奖励措施及其他约束机制，发动员工进行微创新提案改善。

② 针对现场秩序和设备设施老化、劣化等问题，可以持续开展以班组为单位的上台阶改善活动，在解决问题的同时，打造自主管理的卓越班组。

③ 针对一些难度较大，比较有技术含量的问题，可以把技术人员和熟悉现场的骨干员工组织起来，进行技术攻关，以便快速解决问题。

④ 针对一些系统性、全局性问题，以及慢性品质问题，需要把管理干部和精英员工组织起来，展开部门或跨部门焦点课题改善活动。此项活动可以直接提升KPI管理水平。

解决问题和精益改善，关键在于员工意识和意愿的培养。只要员工有意识、有意愿，发现问题和解决问题都可以回归常识，从自己身边能做的改善做起，然后循序渐进，在解决问题的实践中增长才干，不断提高发现问题和解决问题的能力。

3. 制造工厂能力提升的愿景和路径

精益管理的愿景是，通过"持续改善、全员参与"，一方面，打造有产品力、营销力和超低成本生产体质的工厂，逐步获得感动、影响和教育客户的能力；另一方面，在企业文化里植入创新改善基因，追求企业基业长青。

特别需要指出的是，打造低成本生产方式，不是目的，而是手段。正确的逻辑是，把低成本生产系统省出来的钱，投入到研发、营销和团队培养中去，持续提升企业和品牌的议价能力，开源增效。让"精益生产、节流降本、积极投入、团队升级、研发引领、营销唱戏、开源增效"成为良性循环，而且生生不息，促进企业可持续发展。

那么，一家企业到底凭什么感动、影响和教育客户呢？凭广告宣传狂轰滥炸，不能。凭高大上的厂房、装备和规模，不能。凭业务员巧舌如簧、吃喝玩乐，也不能。真正能够感动、影响和教育客户的，一定是有创新和改善内涵的企业文化，也就是我们常说的以"文"化人。

（1）企业创新文化是什么？

在讲解企业文化之前，先讲一讲中华文化。中华文化绵延数千年而不绝，正是因为它有丰富的内涵，既有历代先贤孔子、老子等诸子百家给我们民族留下无数优秀哲学思想和文化瑰宝；又有历代劳动人民用智慧和汗水缔造出来的有形文化遗产，中国是世界上文化遗产最多的国家；还有当今勤劳勇敢的中国人民及其锐意进取的创新行动和创新成果，这更是中华文化丰富内涵的主体。

从中华文化的内涵出发，思考并尝试推导企业文化的时候，问题就变得简单了。所谓优秀企业文化，至少应该包括三个层次的内容。一是，值得传承、传播的经营理念和创新智慧。二是，值得学习、效仿的优秀员工和创新行动。三是，值得总结、推广的改善创意和创新成果。

如果有一天，随着精益管理和员工改善的持续深入推进，企业文化的内涵能够得到不断充实，创新成果越来越多，创新行动无处不在，创新智慧不断累积的时候，以文"化"人（*感动、影响和教育客户*）的（*营销*）目标就能够实现。

当然，企业创新文化建设的这样一个高境界，不是一蹴而就的事情，而是一个积极行动，持续坚持和不断升级的过程，值得我们企业管理者带领企业员工持续追求。

（2）建设创新文化的底层逻辑和路径是什么？

建设创新文化的底层逻辑是，从最简单的现场改善做起，由易及难，循序渐进，不断精进。

建设创新文化的主要路径共有以下五个步骤。

第一步，颠覆传统认知。突破现场管理，打造和对手不一样的工厂。每一个行业都有其共性特点，钢铁企业，傻大黑粗；家具企业，满地锯末；印染企业，污水横流；化工企业，锈迹斑斑；发电企业，人浮于事……

由于管理上的无所作为，使得每一个企业都会深受行业特点的制约。当我们进入一家企业按计划帮助导入精益的时候，都会遇到惰性的挑战。每当这个时候，3A 专家都会找准突破口，尽快做出立竿见影的改变，以便颠覆客户团队的传统认知，树立起改变的信心和兴趣。

第二步，激活组织活力，让越来越多的员工参与到精益改善中来，发现自己，超越自己。在实现了现场颠覆之后，团队开始对改变产生了信心和兴趣。借着这个机会，企业需要因势利导，引导并激发更多的人参与到改善创新中来，提升员工的参与率水平。

与此同时，要有意识地选拔一批优秀的现场骨干，把他们培养成技能工匠、精益先锋、改善达人和内部精益专家，并通过他们的示范，激发员工广泛参与，激活组织。

第三步，全员持续改善。常态化推进现场上台阶改善活动，优化企业现场管理体质，提升现场力；常态化推进员工微创新提案活动，营造良好改善氛围，调动员工积极性；常态化推进绩效大课题管理活动，聚焦企业经营重点，不断提升企业经营效益和管理 KPI 水平。

在这个过程中，对改善中的成果、案例、最佳实践等进行归纳、总结，有条件的话，还可以把这些内容编撰成册，或者以视频等形式进行总结和展现。

第四步，建设创新文化。在持续推进精益管理活动中，一定会涌现出大量的好人、好事和好成果，讲好精益故事。与此同时，还可以引导广大员工从企业发展以及个人成长等不同维度出发，书写或讲述自己的心路历程。

通过累积精益改善中获得的成果、智慧和故事，不断丰富企业创新文化的内涵。

第五步，实践全员营销。从打造和对手不一样的工厂开始，经过时间的沉淀和积累，你的企业终将能够走向一个高境界：工厂到处有风景，员工人人是卖点。

通过线上、线下等形式，传播先进的经营思想和创新理念，分享独到的改善创意和创新成果，传扬优秀的员工队伍和创新行动，让企业的创新文化传遍四方，对员工、对客户、对社会产生强大的吸引力，实现感动、影响和教育客户的目标。

三、精益营销能力建设

1. 我是怎么发明精益全员营销理论的

（1）一次成功的现场营销活动。

我曾经在世界 500 强企业理光集团的深圳公司服务十年，是公司成立之初最早进入的本土员工之一，亲历了建厂、投产到销售过程中遭遇的种种艰辛和困难。

理光深圳工厂于 1991 年开始建设，1992 年投产，负责生产销往欧美市场的小型复印机，是全新的战略性产品。投产之后，产品在欧美市场的反应一直不温不火，连续数年，销量都不及预期。理光总部及欧美地区负责销售的高层多次来到深圳工厂现场办公，研究对策，但销量总是无法突破。记得最清楚的一件事是，欧洲区销售代表提出，销售不好的最大原因是"Made in China"。所以他们提出来，能不能把产品和包装上"Made in China"标识去掉，或者把标识做小一些，或者做得更隐蔽一些，免得引起用户注意。

尽管这样一些建议没有被采纳，在听到这些抱怨和建议的时候，我们都感觉被冒犯和非常伤自尊，有一种深深的挫败感。因为深圳工厂经过四五年的管理积累和精益改善，已经具备了相当高的管理水平，而且产品质量与日本本土产品相比也毫不逊色。

怎么办？在深圳公司内部，我们做了大量研讨，也尝试了很多办法，都无法解决客户信任问题。实在没有办法，就只能孤注一掷，决定进行一次冒险。之所以说是冒险，是因为做这件事情要一次性投入数百万元人民币，而且结果却无法预知。我们的构想是，买好往返机票，定好五星级酒店，把欧美主要经销商代表近百人全部请到深圳来，好生招待，让他们亲历工厂，见证深圳理光的卓越管理，目的是打消他们对于"中国制造"的各种顾虑和不信任。为了接待这批远道而来的挑剔客人，我们做了充分的准备，而且决定让现场和一线员工（工人）在接待工作中唱主角。

功夫不负有心人，此次活动大获成功，效果远超我们预期，那些骄傲甚至傲慢的欧美大佬，走在秩序井然的车间，看着现场实效的改善，听着员工认真的讲解，他们都不约而同地对深圳工厂和中国工人竖起了大拇指。感动之余，他们都说，中国工厂这么优秀，中国工人这么出色，产品一定是靠得住的，我们有什么理由不努力把它卖出去呢？听得出来，通过这次活动，他们的内心生发出了对工厂、对员工、对产品十足的底气，有了这份底气，何愁产品卖不出去。

后来事情的演进说明了一切，深圳产品在欧美市场上的销售一路攀升，三年不到的时间，理光的小型机在欧洲市场就完成了对友商的逆袭，达到了40%以上的市场占有率。深圳理光的成功，让理光集团高管们信心大增。之后，理光集团不断加大对深圳的投入，使之成为理光集团在全球范围内管理的标杆，其规模最大，管理最好，效率最高，盈利最多。

这次活动能够给我们带来几个重要启示。一是，销售不好，有可能是销售人员或客户对工厂、团队和产品缺乏信心。二是，能够给销售人员或客户信心的，除了产品质量过硬之外，更重要的也许是工厂现场、管理细节和一线员工。三是，销售做得好坏，不仅仅是销售部门的事情，应该还是公司全体员工的事情。

回想起来，这次活动其实就是一次成功的营销活动，只是我们没有营销这个概念而已。在整个活动中，既没有炫产品，又没有炫品牌，也没有炫广告，而是如实展现工厂环境、创新成果、细节改善和可爱员工，它不是营销却胜过营销。

后来，有一次到日本理光在东京附近的沼津工厂进修的经历，更是让我大开眼界。这家工厂的一把手饭田先生，时任理光集团常务董事，是我的精益导师。从东京机场开始，主人的接待和次日的工厂参观活动，让我耳目一新，深受感动。从机场到酒店的路上，陪同的女士一路上介绍沿途的风光；到达酒店之后，给了我一封欢迎信，内容包括欢迎词、学习计划和温馨提示；第二天进厂时保安给我升起了国旗；在工厂的各个车间，一线员工给我介绍属于他的改善案例、改善故事……员工的生命状态让我记忆深刻，至今仍历历在目。

应该说，深圳理光的工厂展示活动以及沼津工厂的参观活动，为我日后提出"精益全员营销理论"奠定了基础。

（2）为什么要提出精益全员营销理论。

2000年，我和伙伴一起创办了3A精益管理顾问公司，帮助国内企业导入精益。为了激发团队士气，调动员工参与积极性，我们借鉴了日本理光沼津工厂的某些做法，让员工介绍"我的改善、我的成果、我的故事"，效果非常好。后来，我们给这项活动取了一个既好听又好记的名字：精益改善之旅（注册了版权，当然也欢迎大家使用）。

再后来，越来越多的人知道3A，有些企业还提出来让3A专家辅导他们做营销。由于3A团队没有这方面的专业训练，做营销辅导还是心里不踏实。而且我相信，让专业的人做专业的事是最好的。所以，我多次推荐心目中的营销专家与客户接洽，有些达成了合作。但是，客观地讲，没有一次客户是满意的，客户的主要抱怨是，传统营销理论和营销专家不接地气，效果不好。最后，我不得不做出两个决定，一个是从此不再给客户推荐营销专家；另一个是思考精益生产怎样和企业品牌营销工作结合，让营销更接地气的问题。

幸运的是，不止一家客户愿意按照我建议的方法开始实践全新的精益全员营销方法。随着时间的推移，客户慢慢地取得了成果。经过更多调查研究和深度思考，于2018年，我陆续发表了三篇关于精益全员营销的论文，较系统地阐述了精益全员营销思想。

所谓精益全员营销，就是做好两件事情：一件是，通过全员参与，持续改善，建设精益改善创新文化。另一件是，以各种客户喜闻乐见的线上、线下形式，让客户沉浸式体验这种有丰富内涵的改善创新文化，感动他，影响他，教育他，以"文"化人。有一家客户就总结出一句特别生动的内部工作口号：全员参与，用心演出，让客户把订单留下，把思想和感动带走。

我相信，在做强中国制造的征程上，精益全员营销理论必将发挥越来越重要的作用。

2. 读懂管理审美与精益全员营销的关系

要进行精益全员营销，就需要懂得管理审美，并拥有管理审美能力。否则，我们就有可能以丑为美，把不好的事物、不好的价值理念传递给客户，好心办成坏事。可见，要做好精益全员营销，有必要认真研究一下管理审美和管理审美能力。

（1）管理审美和管理审美能力是什么？

为什么许多人辨别不了管理的美丑，甚至以丑为美呢？是因为这些人不具备管理审美能力。管理审美和管理审美能力是我提出的新概念、新思想，可以帮助我们更好地理解，管理除了好与坏之外，还有美与丑，有利于升级我们管理的质量和品位。

经常有人问我，你们是一家管理顾问公司，为什么不招收大学商学院或管理学院的毕业生做顾问，而是招收一些出身于优秀跨国企业的从业者呢？事实是，我们曾经招收过大学商学院或管理学院毕业生，这些学生有知识，有形象，而且还能说会道，但缺点是，进入客户企业之后，他无法评判客户企业管理的好坏、美丑，看不清企业"丑"到什么程度，更无法想象，经过我们一年、两年或者三年辅导之后，客户企业能够"美"成什么样子。也就是说，他们没有能力评价或者感知管理现状，也无法帮助客户企业规划或描述美好的未来。之所以会这样，是因为他们没有在高水平企业经历过，基本没有关于管理审美的经验和能力。举例也许更能说明管理审美能力的重要作用。对着一台缺乏维护保养的大型自动化设备，一个管理学院的高材生也许会觉得，这是一台好先进的设备。而我们的顾问却能够看到这台设备的维护保养状况很糟糕，而且能够从噪音、漏油、安全隐患、润滑、点检、操作、磨损、故障频次和故障时间等维度感知问题的严重性，而且在他的脑子里会浮现出：要是不加改进，后果会是什么样？如果按精益思路改善，这台设备将会发生怎样美好的变化，因为他在大量实践中见识过管理的丑和美。

另一个例子是，我侄子硕士毕业之后被上海某世界500强R公司录用。他在工作中努力上进，很快就得到了提拔。尽管工作和待遇都不错，但他总感觉自己在R公司进步太慢，学不到很多东西。在我的劝说下耐着性子工作了五年，之后他选择离开走上了创业之路。由于业务的需要，开始接触许多国内中小型企业，他经常感慨，和世界500强企业相比，国内企业在管理上的差距实在太大了。进而庆幸自己，当时在R公司努力工作了五年，学到了很多东西。根据我的经验，在优秀世界500强工作最大的收获在于，在耳濡目染和潜移默化中学到了对管理的审美意识和审美能力，知道了管理状态的好与坏，美与丑。之所以在R公司的时候，感觉自己长进不大，原因在于"只缘身在此山中"，对于周遭的一切都认为是理所当然的。有了这种管理审美意识和能力的熏陶和积累，就可以很容易发现客户企业存在的问题，也比较容易设想和描述通过管理和改善活动，企业可以达成的愿景和蓝图。

从以上例子，我们推导出一个结论，和其他所有事物一样，管理状态也有"美丑"之分，管理也需要审美和审美能力。所谓管理审美就是评判管理状态的原则和尺度，而管理审美能力，就是判断管理美、建设管理美和表达管理美的意识和能力。

（2）如何培养管理审美意识和能力。

在理光工作的时候，有一天我们几个高层受邀参加一家五金零配件供应商的新厂落成仪式。新厂办公楼装修豪华，可以和星级酒店相媲美，落成仪式排场非常大。我们依此判断，这家企业经营状况应该很好。但是，因为办公楼的豪华和活动的铺张，给我们带来很不好的体验和感受。回来之后，采购部就接到有关领导要求，全面审核五金零部件的采购单价。背后的逻辑是说，他们凭什么赚那么多，甚至比主机厂赚得还多，这不正常。可见这家五金厂所做的努力并不符合管理审美，花了钱办成了坏事。

还有一家国内企业，上市之后十分风光。某日，企业邀请省领导到厂视察，领导看完之后很不开心，留下两句话就走了。第一句是，你们真有钱；第二句是，你们真没有文化。听到领导这样的点评之后，管理层一群人面面相觑，知道是批评，但是对没有文化的点评，却不甚理解。不久之后，这家企业成了我们的客户，我看完工厂之后，就发现省领导所言不虚，没有文化的意思应该是说：在企业，除了用钱堆砌的豪华之外，看不到任何创造的痕迹、文化的积淀，比如值得传播、传承的思想和理念，值得展示、推广的创意和成果，值得学习、效仿的员工和行为等都没有。

一方面，在管理审美的价值判断中，有些可能是亘古不变的道理，而有些则是依条件的变化而变的。比如节约是美、浪费是丑；谦卑是美、傲慢是丑；整洁是美，脏乱是丑；服务是美，官僚是丑；精益求精是美，马马虎虎是丑，这些审美价值基本是不变的。又比如，重资产和轻资产哪个好？高定价和低定价哪个好？高调和低调哪个好？办公楼简朴的好，还是高大上的好？这些审美价值是不确定的，会因时因地因人（客户审美）而变。

另一方面，管理审美还有外在和内在之分。比如，现场秩序井然，设备保全完好，是外在美。而员工态度积极向上，企业文化温馨明快，是内在美。企业盈利能力强，是外在美，企业永续经营能力好，是内在美。外在美和内在美有密切关系，并且相互影响，互为因果，同时拥有内在美和外在美的企业才是真正优秀的企业。

企业可以从以下几个方面着手，逐步培养或提升管理者和员工的管理审美能力。

一是走出去看。看一看优秀企业到底美在哪里，看一看优秀企业是怎样塑造美，展示美和解说美的。有机会到丰田等优秀企业学习的时候，我建议企业家们，一定要从管理审美的高度去看、去听、去问、去感受。

二是请进来讲。要把拥有管理审美经验和能力的实战专家请进来，听他们讲，并从他们的经验和案例中汲取关于管理审美的经验和智慧。

三是实践中修。最好是让拥有管理审美经验、能力的专家带着干部和员工一起修。所谓修，就是在持续不断的改善行动中，体验在管理上变化、突破和颠覆的过程，收获属于自己的管理审美经验、意识和能力。

只要企业能够按照我建议的去做，你的团队就将拥有越来越高的管理审美境界。当然，管理审美能力的培养，是一个循序渐进，不断积累的过程，不可能一蹴而就。在长期的咨询辅导实践中，我们已经帮助一大批企业建立起了管理审美的价值体系。有些企业在判断管理美、建设管理美和展示管理美（**精益全员营销**）方面已经做得非常出色，不仅提升了效率，还能够极大地提升品牌影响力。

（3）精益全员营销能为企业做什么。

在过去数十年的经营实践中，企业经营者因为思维固化，成了价格战的"俘虏"。

精益管理的目的：一个是节流降本，另一个是开源增效。在当前形势下，开源增效比节流降本更重要。制造型企业必须尽快学习并导入精益管理活动，激发团队士气，优化工厂管理，改善产品质量，提升生产效率，实现快捷交付，节流降本；开展基于精益管理的精益全员营销活动，主动把精益现场、改善成果和员工良好状态展现给客户，感动客户，从而增加销量、提升售价、开源增效，推动企业可持续发展。也就是说，精益全员营销在重塑竞争模式可以发挥多重价值。

一是颠覆传统的价格战思维。在过去的经营实践中，企业经营者已经习惯了日复一日的价格战。他们相信要击垮对手或在竞争中获胜，就必须采取低价格的竞争策略。因此，面对客户的货比三家和漫天要价，企业很容易放弃原则、失守底线。即便在当下，许多企业经营者依然信奉价格至上的竞争逻辑。精益全员营销，就是企业颠覆传统认知，走出价格战泥潭的抓手。

二是塑造个性竞争优势。任何产业或行业，随着时间的推移，产品同质化是必然趋势。家电等各类民生产品就是典型例子，一家企业在参与竞争时，如果不能构建属于自己的卖点或优势，价格比拼就注定成为唯一手段。除产品之外，若能够在质量、技术、管理、员工、现场、文化和品牌形象等方面，打造个性竞争优势，就可以避开价格谈价值，绕开物质谈文化，跳出产品谈品牌。

三是培养全员精益营销思维。我们习惯于销售主要依靠关系和价格，对精益营销知之甚少。精益营销是指，通过精益改善丰富企业创新文化内涵，并以美好形式予以展现，吸引客户，感动客户，进而促进客户购买产品的过程。传统销售和精益营销的本质区别是，销售要主动找客户，然后死缠烂打，而精益营销是感动客户、影响客户，以"文"化人，创造让客户找你的氛围和条件；传统销售主要是拼关系和价格，精益营销主要拼品牌和价值。

许多企业抱怨生意越来越难做，问题之一就是销售遭遇瓶颈，很难像以前那样势如破竹，快速扩张了。究其原因，有这样两个方面的因素值得注意，一是世界范围内的需求增长速度放缓，产能相对过剩，企业间的竞争日趋白热化；二是，消费者越来越成熟，在选择产品和服务的时候日趋理性，对产品生产的源头等给予了越来越多的关注。对于前者的大环境变化，企业唯有建设内在竞争优势，别无他途。对于后者，企业除了持续升级管理和技术之外，还可以在销售或营销模式上进行创新。

在我们身边，已经有不少变革营销模式的例子，特别是服务型企业，为了迎合越来越理性的消费者，满足客户需求，已经做出了各种积极改变。比如，越来越多的餐馆，不再视厨房为禁区，开始向客人展示厨房的样子，有透明厨房，有开放式厨房，有的甚至把料理操作台摆在你面前，让客人能够在观赏匠人熟练操作的同时，享用美食。又比如，我们对食材的原产地（**安全性**）越来越重视，企业又想出各种追根溯源的办法，让客人知道大米、蔬菜或茶叶等都产自哪里，更有人通过互联网技术做成可实时观看的 App，向消费者展示产地、生长环境以及作业者劳作的场景。所有这些，都是服务型企业主动营销的创新做法，值得我们学习和借鉴。

其实，工业品销售和营销也同样遇到如何提升客户信心的问题，只是绝大多数企业经营者还没有意识到其重要性而已。比如，我们经常听到中小企业主抱怨，某某大企业的验厂很烦人，要求很高。为什么大客户要验厂，正是因为大客户对你没有信心。你又为什么觉得大客户的验厂很烦人,是因为你的管理不精益,太糟糕。又比如,在产品采购招投标的时候,越来越多的招标单位要求考查工厂,以便确认生产过程是否可靠,产品质量是否有保障。也就是说,如果工厂秩序混乱,产品保护欠缺,生产效率低下,员工工作马虎,就会降低投标成功率,制约企业规模发展。反之亦然。

制造型企业必须尽快学习并导入精益管理活动,优化工厂秩序,完善产品保护,提升生产效率,激发团队士气。与此同时,开展基于精益管理的精益全员营销活动,主动把工厂现场、管理细节和一线员工的良好状态展现给客户,给客户信心,让客户感动,提高品牌议价能力,使销售工作不再难做,推动企业可持续发展。

精益全员营销完全有能力帮助中国企业,走出低价竞争的恶性循环,即通过精益全员营销,把客户搞得多多的,创造供不应求的环境条件,然后叠加其他营销手段,择机提升销售价格,追求量价提升的效果。

3. 走向精益全员营销的愿景和路径

(1)从传统营销,走向精益全员营销。

在过去,由于信息以单向传播为主,企业可以利用信息不对称,对客户进行洗脑式营销。比如,脑白金通过简单粗暴的手法,只重复一句广告词,就能够成功地把产品卖出去。但是,移动互联网时代,信息传输不再是单向的,而是双向选择的过程。脑白金那样的广告是会被所有人屏蔽掉的。

经过分析,我们发现,传统营销存在这样几个重要缺陷。一是,对生产产品的工厂关注不够。工厂就好比餐馆里的厨房,厨房的卫生情况、管理状态，直接影响客户选择。之所以，大企业在选择供应商的时候，宁愿花时间验厂，就是要确认你的厨房是否真的靠谱。二是，对设计、生产和销售产品的主体关注不够。同样，这些参与的主体，就像餐馆厨房里的厨师、工厂的工人、茶厂的茶农。三是，对容易出问题的各个细节，关注不够。

精益全员营销，就是要设法向客户、用户全方位展示这些内容，把企业里最有温度的部分，鲜活地展现给客户，让他们看到诚意，看到技术，看到用心，看到活力，看到精神……大幅度超越客户传统的验厂要求，深度感动、影响和教育客户。

这里特别要说的是，既然要让客户看到，那么内容就要够好，否则就失去了看的意义。这是一个内容为王的时代，做好自己，做足内容，精益求精，不断迭代，才是未来精益营销追求的方向。花时间、费功夫研究以自己为中心的所谓模式，注定得不偿失，被人唾弃。

（2）如何开展精益全员营销活动。

通过以上分析，可以得出两个重要启示：一是要通过精益管理打造除产品以外的差异化竞争优势；二是大力开展基于这些差异化竞争优势的营销活动，并通过向客户展现工厂管理的意志和细节、精益改善的成果和智慧及一线员工的士气和风貌感动客户，达到吸引客户的目的。所谓精益全员营销，就是以精益工厂为基础，全员参与，旨在提升销量和售价的营销管理活动。所以，传统营销谁都可以做，而精益全员营销只有精益工厂才能做，传统营销通常是销售或营销部门的事情，而精益全员营销是企业全员的事情。

传统营销有致命缺陷，市场上有许多专事营销的专家，热衷于帮助企业讲故事、做品牌、投广告、搞招商，当然这些工作也是重要的。但面对越来越理性、挑剔的客户，许多营销专家所做的努力都过于表面，而且在几个重要方面没有予以足够关注：一是缺少对工厂的关注；二是缺少对细节的关注；三是缺少对员工特别是一线员工的关注。这三点恰恰是客户最在乎的，也就是说，传统营销缺少对客户内心的关注，所以失去了营销应有的力量。

　　用心观察就会发现，传统营销的不足之处到处可见。比如，在国内许多企业的形象展厅里，有对企业发展历史和规模的介绍，有政府和领导关怀的栏目，有各类外部机构颁发的奖牌，还有热心公益慈善的自我标榜等，这样的展厅设计是以企业自我为中心，而不是以客户为中心，没有或很少有客户感兴趣的内容。这样的展厅并不符合管理审美，不仅不能感动客户，有时候还会适得其反，让客户反感，无法起到营销的作用。

　　那么，如何展开以客户为中心的精益全员营销活动呢？第一步，以部门为单位，找出感动客户的细节或卖点；第二步，设计细节、卖点的表现形式，并在适当地方以适当形式进行展示；第三步，规划客户接待流程、参观通道和参观流程，并对相关接待人员和讲解人员进行训练。筹备完后，就可以依标准展开营销活动了，而且要基于运营状况进行优化和改善。

　　具体到各个部门，需要进行科学规划和实施。比如，生产部门要做好车间参观通道的规划，在通道上对精益改善成果、改善智慧、改善地点等进行实物或看板展示，安排一线员工进行针对性讲解；销售部门要做好展厅的改造和营销手册的编制。展厅里重点展示对产品质量、订单交付和安全生产的责任认知和保障策略；具有创意和推广意义的改善成果；工匠级员工及其先进事迹；企业员工智慧沉淀和文化积累等。除此之外，研发、技术、人事或行政等部门也要进行相应规划，并以不同形式友好地对待客户，感动客户。

总之，精益全员营销的本质是让工厂处处有风景，让员工人人是卖点。精益全员营销不仅适用于To B类企业，也适用于终端消费品（To C）类企业，只要坚持运营精益全员营销活动，就能树立品牌，促进口碑相传，开源增效。

当然，做好精益全员营销，还需要对传统营销工具进行优化。优化的方向也可能是颠覆性的。原因在于，精益思维始终聚焦客户价值，始终关注客户审美。从此出发，我们就可以思考，到底该如何升级诸如企业介绍、产品手册、形象展厅、产品发布、营销展会、视频号和抖音号等营销工具，才能够感动和影响客户。

四、管理者与间接部门管理效能提升

1. 以现场为中心的重要意义

一方面，为了让管理者更清晰地认清企业组织管理中存在的问题，明确自己的责任和使命，我们提出了"组织浪费"的概念。如果要问企业内哪几个部门在创造价值？回答肯定是研发、生产和销售三个直接部门。而其他部门并不直接创造价值，通常被称为辅助部门或间接部门。以精益标准衡量的话，这些辅助部门都应该是浪费，这种浪费就叫"组织浪费"。

从企业组织效率上看，如果能够缩小甚至去除这些辅助部门，只留下高效运营的三个价值部门，那是最理想不过的。而事实是，这种理想的组织形态在绝大多数企业里是不存在的。作为一名拥有精益思维的管理者要清楚，即便很难消除这些部门，但要自始至终以这个理想状态作为追求的方向，并从客户价值的角度出发，思考组织效率和组织责任问题。

如果进一步问，在研发、生产和销售三个价值部门里，又是哪些人在创造价值呢？不用说，是那些工作在一线的员工，比如负责研发、设计、制图或者试制产品的员工、直接加工或装配产品的作业者、直接和客户打交道的销售或服务人员。

不直接创造价值的人是那些不在一线工作的人，一般由两部分构成：一部分是各级管理者，另一部分是在办公室从事事务性工作的职员，如人事、行政、财务、采购、宣传等部门的员工。不管这两部分人如何努力工作，他们并不能直接为企业、为客户创造价值。

这并不是要否认管理者、辅助部门等非一线员工的作用，而是想让企业各级管理者和间接部门员工认识到，自己并不能直接创造价值，自己存在的意义在于，用心为那些直接创造价值的一线人员提供一切需要的支持和服务。

另一方面，我发现了一个很有趣的想象。越是现场部门，它的考核指标越是容易定义，过程越容易受到评价监督。比如生产部门，企业内的所有人都知道他们该干什么，过程中存在哪些问题。相反，越是间接部门，它的考核指标越不容易定义，工作好坏难以评价。对财务部、人事部、行政部存在的问题，人们都觉得难以把握，即便有抱怨，也只是泛泛而谈，说不清，道不明。这就会出现一个有趣却又很无奈的现象，每当讲到问题的时候，人们关注的目光大都会落在现场部门以及一线员工身上。

为了做到以现场为中心，提高间接部门和高层的服务精神，有人建议把组织架构图倒过来进行表达，一线部门和一线员工在上，间接部门和中层管理者居中，企业高层在倒三角的最下面，更有些企业把这个倒三角做成画板，挂在墙上，以示对现场和一线的重视。以现场为中心的服务原理如图 6-2 所示。

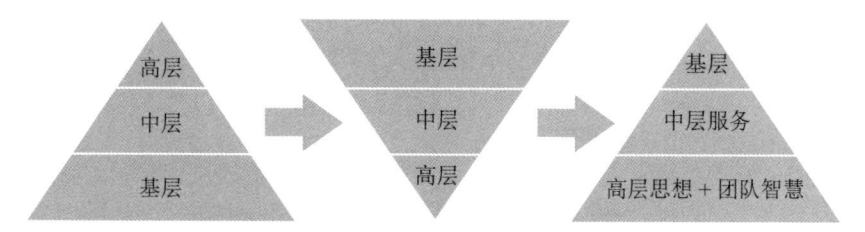

图 6-2 以现场为中心的服务原理

可见，这个倒三角服务理念很好，有利于我们在态度上来一个转变。但是，每次看到这个倒三角的时候，我都在思考一个问题，企业高层、中层和间接部门员工看了这个倒三角之后，即便能够唤起某种服务意识，但他们真的知道自己该做什么，能做什么，要怎么做吗？回答是否定的。

那该怎么办？基于实践经验，并经过深度思考，我们找到了一个好办法，就是通过升级我们的认知，把这个倒三角形，重新翻转过来，如图 6-2 所示。图中每一个层级的内容不再是具体的部门及其人数，而是这个层级或人所拥有的思想、智慧、经验、方法和人财物等资源。从图中可以看出，越是高层的部门或人所拥有的资源越多，服务和帮助下属或下属部门的责任就越大。

企业高层、中层或间接部门一定要懂得，要想企业或者自己达成目标，就是要通过活用各种资源帮助下属或下属部门达成目标。懂得这个道理之后，管理者和间接部门在服务现场部门和一线员工过程中，就有了正确的方向。

2. 制造业企业必须坚持以生产为中心

制造业企业的经营管理，必须坚持对外、对内两个中心。对外要以客户为中心，对内要以生产为中心。以客户为中心在别的章节里已有阐述，本节重点讲一讲以生产为中心的思想与成功实践。如果说，以现场为中心讲的是一种理念，那么以生产为中心就是一种具体的策略、方法和行动。

之所以强调要以生产为中心，原因在于，生产部门一线员工是真正创造（客户）价值的主体，他们的时间很宝贵，每浪费一秒，就会失去一秒赚钱的机会。所有管理者和间接部门员工要想方设法，创造一切可能的条件，让生产一线员工能够心无旁骛地专注于创造价值的作业，保障作业不停顿、不浪费，并按时、按质、按量做出客户需要的产品。

这并不是说生产部门一线员工比销售、研发和其他部门的员工更重要，只要所有管理者和所有直接、间接部门都能自觉聚焦生产这个中心，服务好生产一线员工，企业团队就能够真正形成效率最高、成本最低的合力，就能够把过程中的浪费降到最少，实现企业效益最大化。

研发部门，要以生产为中心，持续改善，想方设法进行加工、装配便利性和零缺陷设计，以便让生产一线员工的作业更简单，更高效，更少缺陷；还要设法进行高附加价值、差异化及爆款设计，为生产产量均衡化创造条件（旺季可以说服让客户等待）。

技术部门，要以生产为中心，持续改善，想方设法协同研发部门进行工艺改良，或协同生产部门进行工装夹具研发，以便帮助工厂一线员工提高效率，减少不良。

销售部门，要以生产为中心，持续改善，想方设法给生产部门提供规格一致、批量大、交期长和数量稳定的订单，让生产部门不受或少受订单变动困扰。还有一个重要策略是，基于优良产品和优秀工厂进行精益营销，在旺季，说服客户等待，既可以削平订单峰值，又不失去销售机会。

采购部门，要以生产为中心，持续改善，想方设法按质、按量、按时采购生产部门所需的原、辅材料和零部件，力争把物料延迟造成的生产损失降为零。

设备部门，要以生产为中心，持续改善，想方设法做好设备点巡检和预防保全，或协同生产部门一起做好自主保全，保障设备不停机、不发生故障，力争把设备停机造成的生产损失降为零。

检查部门，要以生产为中心，持续改善，想方设法把质量检查和质量保障工作前置，进行零部件、产品质量的源头管理，力争把过程不良造成的生产损失降为零。

仓储部门，要以生产为中心，持续改善，想方设法进行零部件配送作业优化，把零部件直接配送到生产一线员工无须移动就能获取的地方，力争把获取零部件造成的生产损失降为零。

人事、财务、行政等部门，要以生产为中心，持续改善，想方设法在人、财、物等各种资源供应方面做好保障，力争把因各种资源不足造成的生产损失降为零。

尽管陈述了各个部门应有的工作姿态和努力方向，但现实毕竟会有差距，各个部门也一定会存在这样那样的不足，生产也会遇到各种各样的问题，这就需要有一个强有力的部门来履行计划和调度责任，这个部门就是生产管理（PMC）部门。

同样，生产管理部门，也要以生产为中心，持续改善，想方设法制定和运营订单评审、BOM（*物料清单*）维护、计划执行和计划调整等规定，并通过科学计划、实时调度，以有限的资源，帮助生产部门提高效率，达成订单交付目标。与此同时，生产管理部门还要跟催各个部门朝着正确的方向改善管理。

只要始终坚持以生产为中心的管理，企业就能够打造出高质量、低成本和有竞争力的超强工厂体质。至此，企业就能够在产品研发、品牌营销和团队建设方面投入更多资源，持续精进，保障企业可持续发展。

员工满意与学习环境建设

7 Chapter

一、员工幸福与满意度管理

1. 员工满意的重要意义

企业经营的最终目的是取得良好的经营业绩和经济效益，令投资者或股东得到丰厚的回报。而且这种经济上的回报绝不应该是一时的，而应该是长期的和持续不断的，只有这样投资者或股东才会满意。因为只有投资者和股东满意，投资者才愿意继续地、长期地支持企业的发展。

那么好的经营业绩从哪里来？是客户通过购买商品和服务才使得企业经营活动的价值量化，变成了经济上的效益。由于客户是企业经营效益的源泉，我们就更易理解客户满意的重要性。而且客户满意也应当是一个持续的过程。如果没有长期、持续的客户满意，那么持续的经济效益便是无本之源。因此，我们要努力培育客户对企业品牌的忠诚度，道理就在于此。

与此同时，达成客户满意的主体是谁呢？是企业员工。企业员工以什么样的意识、什么样的态度、怎样的技能水平来生产商品或提供服务，决定了客户满意的水平。企业要做到客户满意，首先必须要让商品的创造者和服务的提供者即企业员工满意。我们不可能期待那些生活和工作在不满情绪中，毫无进取心的员工能创造或提供令客户满意的商品和服务。

只有员工满意了，员工才能充分发挥聪明才智并努力提高工作、商品及服务的质量，客户就能享受到附加价值更高的商品和服务，其结果是客户满意。

从员工满意到客户满意，再到投资者或股东满意是企业经营所应达成的不同层面上的三个重要方面。有了员工的满意，才能有客户的满意，有了客户的满意，才能有投资者或股东的满意。

除此之外，企业是社会的一员，只有通过实现社会价值和社会责任才能获得社会和公众的信赖和认同。社会和公众的信赖、理解和支持也是企业持续发展的重要方面。

总而言之，成功的企业经营应该创造四个方面的价值，一是股东价值，二是客户价值，三是员工价值，四是社会价值。员工满意是客户满意、股东满意和公众满意的前提和条件。

可见，促进客户满意的主体是企业员工，员工的满意便成为客户满意的条件。因此，我们在达成客户满意之前，必须达成员工满意就是这个道理。要改善企业经营质量和业绩，首先要从提高员工满意度开始。

2. 如何提高员工幸福感和满意度

在提高员工幸福感和满意度的过程中，企业到底能做些什么呢？我们从一些企业的成功经验和中国的实际出发总结以下四个大原则。

- 信息共享的原则。
- 员工自我实现的原则。
- 员工成长的原则。

- 公正评价的原则。

（1）信息共享的原则。

经营者要向全体员工明示经营方针和经营目标，要告诉员工企业要做什么，企业能做什么，员工该朝哪个方向努力。同时，为了让员工充分领会和自觉遵循企业的方针，还应该和员工进行广泛平等的交流和沟通，让员工了解企业的现状、面临的困难、有哪些机会，竞争对手的情况如何等。

通过增加企业经营的透明度，使经营者和员工之间达成共识，增强员工在贯彻执行企业方针过程中的主动性和自觉性。

（2）员工自我实现的原则。

经营者要为员工创造实现自我的环境。员工能通过工作体现自我存在、实现自身价值是员工满意的重要方面。尤其是对那些事业心强、有上进心的员工来说更是如此。著名的马斯洛需求层次理论就明确提出，实现自我是人类最高层次的愿望和需求。

员工实现自我的环境包括哪些呢？一是有上司的信赖，有自己施展才能的空间，即充分的授权，员工有机会自主独立地开展工作，享受工作。二是有平等、愉快的工作氛围。员工之间、上下级之间有良好的沟通和广泛的理解。三是有具体可及，又有挑战意义的努力目标。在这样的环境下，员工能充分展示自己的个性、才能，并能以其创造性的工作来达成目标。

（3）员工成长的原则。

企业要为员工提供良好的教育培训机会，使员工在为企业服务的同时其能力、素养等方面得到不断提高，使员工感到在企业工作不仅可以得到一定的报酬和福利，还能学到知识和必要的生存技能。

员工在一个企业工作是通过付出自己的劳动和知识来获得报酬的过程。如果说企业给予的报酬能基本反映员工付出的话，那么对员工个人来说，能力的提高和个人的成长是他所能得到的最大的附加价值。附加价值越大，他的满意度越高。

（4）公正评价的原则。

员工的努力和付出能得到公正的评价和报酬时，员工的满意度就高。相反时，员工的满意度就低。

如果没有依据公正的评价对员工的待遇进行差异化处理，员工终究会觉得不公平、不满意。因此要提高员工的满意度，就必须对员工的努力进行公正科学的评价，并依据评价结果对员工的待遇进行差异化处理。换句话说，公正的评价及待遇的差异化是激发员工积极性，改善员工满意度的最有效办法之一。

员工的层次不同，对以上几个方面的具体要求也不尽相同。企业如果能够根据他们自身条件的不同，从以上各个方面着手倾听和研究他们的需求，满足他们的需求，员工满意度一定会得到很大的提高。

二、决定工作质量的因素

产品、服务是有质量好坏之分的,而工作也是有质量的,那些高效和富有成果的工作是高质量的工作。决定工作质量的因素有以下几个方面。

1. 工作的计划性强

俗话说:预则立,不预则废。

要使工作有好的质量,制订一个好的计划特别重要。一个好的高精度的计划,能够使每个人或每个阶段的目标数值化,不仅能指导工作的展开,又便于阶段性的确认和验证,避免在工作中走弯路,做到事半功倍。

2. 行动迅速,工作速度快

21世纪的经营环境要求企业或个人在做出选择和推进工作时,讲究速度。因为你的对手一直在行动,要进步得比对手快,除了迅速果断的行动,别无选择。例如四十年前汽车公司可能在5～10年研制一个新品种,而今天的速度要求整整提高数倍,甚至数十倍。

3. 工作中勇于改善革新

人们在设定目标时，许多时候是用百分比来描述，这种目标设定非常艺术。在日常工作中深有体会的是，过于保守的目标设定不利于改善、革新和创造。只有那些具有极大挑战性的目标设定才能激发人的革新和创造欲望。比如把销售额提高 8%，把经费降低 5% 等，这样的目标绝不是经营者期待的变革。相反，要将销售额增长一倍，将经费减少 50% 等目标则更能让员工打破现状去寻找达成目标的全新办法，革新和创造便有可能产生。这只是一个形象的例子，并不是说企业家可以盲目追求那些不可能实现的数值目标。

4. 良好的人际关系

我们常常把成功归结为"天时，地利，人和"。人和便是指良好的人际关系。纵使前面几条都做得很出色，但没有员工间的相互理解、上下级之间的协同作战，要最终取得成功是很困难的。

处理好与上下级及周边的关系是每个人成功的关键。有调查显示那些善于处理人际关系的人的平均年收入要比那些处理不好的人的平均值高出 40% 以上。当然这只是企业内部的情况，如果让这两种人离开企业走向社会，那么他们之间生存能力的差距将更加明显。

这也正是今天人们在重视 IQ 的同时，比以往任何时候更加重视 EQ 培养的原因所在。

三、如何对待员工教育、培训和培养

不管我们对美国的基础教育抱有什么看法甚至偏见，但有一点是可以肯定的，美国企业在员工教育和人才培养方面的投入是相对较高的。美国的许多企业从员工聘用开始，便对他的现在和将来进行"职务、人生设计"，并依据设计方案，对他进行系统的、循序渐进的培养教育。最近在与 IBM 中国公司的几名高级经理交流时，让我深深地感受到美国大企业在人才培养方面的独到之处。王先生三年前硕士毕业进入 IBM 中国公司，在他成为正式员工的时候，被告之 3 年内要达到高级主管、5 年内要达到高级经理的目标和在那之前必须接受的教育和有关培训。这样做的好处是显而易见的，企业约定对员工的责任和必要的培训，员工更会珍惜自己学习锻炼的机会，在做好工作的同时奋发学习。

与美国企业相比较，日本企业更强调和注重 OJT（On the Job Training），即通过在岗位上的培训来提升员工的工作能力。因此，美式教育培训可能更容易造就出自主性、创造性较强的员工，而日本企业则更能培养出自觉性、高技能的员工。

就如何做好企业员工教育、培训而言，我们能够总结出一些共通的要点和基本要求。

1. 教育、培训要面对全体员工

只有全体员工得到良好的培训，全体员工都理解客户至上的重要性并在自己的业务中加以实践，才能真正令客户满意。

2. 教育培训要按计划实施

制订与企业经营长期、短期计划相适宜的人才培训计划是做好员工教育培训工作的前提。

3. 要有一套好的教育体系和充实内容

企业必须拥有一套有效运作的有利于员工自主学习、自我提高的教育体系，为员工创造更多（内部和外部）学习提高的机会。

同时，好的教育体系还包括充实的教育内容。特别是企业要针对不同级别员工、不同部门员工准备不同的教育内容和提供不同的学习机会。

4. 为员工提供好的学习环境

光有好的教育体系和接受教育的机会，而没有好的学习环境，员工终究不能很好地利用学习机会。比如有些企业每天晚上需要加班，员工没有自己可支配的自由时间，还有些企业对员工学习的内容进行诸多限制等不一而足。

5. 建立一套有效的评价和激励机制

企业要有一套有效的员工激励机制，对员工的学习成果要给予及时认定，对员工的工作能力及技能水平的提高要给予评价和奖励。培养员工自觉学习、不断进取，促进员工的成长。

6. 企业员工培养效果的评估

对员工教育实施效果进行定量的评估是很困难的一件事。但是从以下几个方面着眼来衡量，还是能比较清晰地把握员工教育的成果的。

第一，可以从员工的工作主动性的提高方面来衡量教育的成果。即员工是否真正理解了企业的经营方针，真正理解客户至上、质量第一的重要性并在具体的工作中实践这一方针。

第二，员工发明创造以及技术革新的数量和员工对发明创造、技术革新活动的热衷程度也是员工教育的重要成果之一。特别是那些生产、研究以及开发型企业，通过员工教育，激发员工参与技术革新的积极性尤其重要。

第三，全体员工对企业经营管理的广泛关注和自主改善活动的积极开展是评价员工教育的又一个方面。比如员工自主提出和自主实施有关企业各个方面改善建议的件数就是一个很好的量化指标。

第四，评价员工培养的成果，还可以从战略的高度考察，企业人才的质和量是否能很好地满足企业发展的需要。满足了，说明员工教育是成功的，否则就需要加强。企业领导不要因为人才数量的不足，也不会因为人才质量的低下而放弃对高水平管理和高水平经营质量的追求。

在深圳附近一家较著名的中型日资企业参观的时候，日方总经理好像并不在意我是中国人，大谈自己企业中国员工水平如何低下，所以5S活动无法开展，只好开展2S（取5S的一部分）活动。在我看来，这位企业的经营者在员工教育培养上是严重失职的，因为深圳有众多优秀的人才是不争的事实，但他却把责任推给了员工，员工的满意度可想而知。

7. 员工能力提高的测评

员工个人能力提高的测评主要依据每年一次或每半年一次的评价考核来进行。

在年度或半年度评价中，首先由员工自己对前一阶段的工作成果、工作能力、学习成效及自身综合素质和素养的提高做出自我总结，之后，由部门长对上述各项进行评价和评分。上司在对员工实施评价的过程中，不能简单地说明好或不好，要帮助员工认识好在哪里，不好的原因又是什么，使员工与上司之间达成认识上的一致。

员工个人的教育计划实施和成长状况应如何进行定量的评估呢？有一种叫作员工技能和能力雷达图的办法可以用来评价和描述员工各方面能力。

8. 员工能力测评结果的利用

员工个人能力测评结果主要有两方面的运用。

一方面，要根据员工能力提高与工作效果之间的关系，把员工个人能力的测评结果反映到员工的晋升和加薪工作中去。就是说在员工评价和员工晋升、加薪过程中要充分考虑员工能力的测评结果。

另一方面，上司要对员工个人能力的测评结果与员工本人进行充分的沟通，在正确认识不足的同时，提出双方都认同的新的努力目标，以便在新的年度里对不足进行有效的改善。

9. 重视新招聘员工的质量

员工招聘是员工培养的第一环，而且是重要的一环。要知道，辞退一名员工的成本要比招聘一名员工的成本高得多。不仅如此，由于招聘工作把握不好而造成员工辞退还会给员工以不严肃和不负责任的感觉，影响企业的亲和力和凝聚力。

10. 重视员工的教育培训

对员工进行岗前、岗位培训以及为员工提供外部学习机会是提高员工工作能力、培养优秀员工的有效途径。

11. 建立和运用企业内选拔晋升机制

企业有必要建立一套对员工实施评价、选拔、升职机制。定期对员工实施评价（也包括员工自我评核），找出员工知识、技能、态度等方面的不足，为员工设定新的个人努力目标，促进个人能力的全面提高。与此同时，根据员工的能力水平（也包括工作态度）给予更高的职位和更多的授权，最大限度地发挥员工的积极性和创造性是建立选拔升职机制的目的所在。

企业内职务级别体系和组织架构的设计是一件专业性很强的工作，企业经营者和人力资源部门要根据企业的具体实际（企业规模、行业特点等）开展这项工作。组织架构和职位体系设计既要体现简洁高效的精神，又要给员工的升迁以足够的（横向、纵向）空间。因此，组织和职位体系过于扁平化和复杂化都是应该极力避免的。

12. 企业内换岗轮岗，多岗位历练

除了从企业外招聘员工以外，企业内改聘、换岗也是培养人才的有效办法之一。把员工安排到最能发挥其能力的岗位上，发挥企业人力资源的最大效能。

13. 信赖关系和充分的授权

人才培养的最好办法之一就是放手、放权并让他独当一面。在上下级之间，企业的经营者和员工之间建立良好的信赖关系并对

员工给予充分的授权极为重要。一般来说，一个人被授权越多，他的责任感越强，工作积极性越高。其结果是员工自主改善、自主判断、自主工作能力得到不断提升，员工满意度上升，客户也能得到更高的满意度。

有些领导整天忙于事务，事无巨细都要亲力亲为，还有些领导对谁都不放心，对属下进行盯、防、管制。结果可想而知，员工的主动性和积极性无法调动起来，自己却在事务中无法自拔。

如何授权，如何把握授权的尺度是管理艺术里最重要的技巧之一。经营者和经营干部不仅要从管理学书本上学习，更重要的是要在实践中从客户满意和员工满意的角度出发，多思考、多尝试、多总结。

四、人才战略的制定与实施

人才是实现经营战略的关键，人才战略是经营战略的重要组成部分。要制定一个好的人才战略，首先要清楚需要什么样的人才，其次是要明确什么时候如何培养和获得这些人才。

1. 人才需求的把握和人才盘点

为了制定能适应企业发展需要的人才战略，我们要了解企业或部门现在和将来要做什么，现在企业和部门的人才状况如何，什么时候需要何种技能和多高水平技能的人才。

这就要求企业人力资源部门及时了解企业的经营目标和事业规划，有效把握企业和部门现有的人才资源，以服务客户的精神定期与各部门进行沟通，了解部门对人才的需求状况。企业内各部门要以专业的眼光提出对人才和技能水平的具体要求。以便为人力资源部门制订具体的人才计划提供依据。

需要特别指出的是，为了实现企业的经营战略，企业经营者要比以往任何时候更加重视企业的人才需求和人才战略的制定和实施。

2. 明确人才确保的办法

如何确保企业或部门所需的人才是实现人才战略的关键。确保人才的方法主要有一步到位的招聘和内部培养两种办法。

根据企业的长期人才战略，对企业内人才进行有目的的培养，经常性地检验人才配置的合理性，通过企业内部合理调配，充分发挥企业内人才的智慧和专长，设法留住优秀的人才也是人才确保的有效方法。

著名人力资源专家指出，设法留住优秀的人才固然重要，更重要的是要为一旦失去他的时候做好准备。这大概是今天这个时代对企业人才战略的最根本也是最现实的要求。

高度竞争的今天，为了满足市场和客户的多样化需求，对人才的需求也趋于专业化和多样化，人才的流动也日趋频繁。从前那种新人招聘、内部教育、部门配置、较长时间教育训练、实战使用的传统模式将不能很好地满足对人才的需求。许多时候需要更多地运用一步到位的招聘来满足对人才的需求。

3. 良好学习环境建设

良好学习环境建设要为实现人才战略服务。良好的学习环境可以促进员工自主性、创造性的有效发挥。这里的学习环境不仅仅指对员工进行教育培训的硬环境，更多的是指各种促进员工学习提高的软环境。

事实证明，企业内广泛开展各类改善、革新活动是营造良好学习环境的最好办法之一。因为所有的改善、革新活动都提倡创新，鼓励员工个人的积极参与以及和团队的合作。所以通过各种改善活动的有效开展，员工不仅可以学到具体的改善、革新方法，提高发现问题、解决问题的能力，还能在活动中培养积极的态度、创新的思维、合作配合的精神。

另外，对那些有培养价值和有发展潜力的员工，企业可以给予一些有影响的重要课题，并在课题的计划、推进、实施及总结的过程中给予必要的指导，使其快速地成长起来。

鼓励员工参加企业外部的研修学习也是改善学习环境的重要方面。企业在其评价及奖励制度中要充分反映对员工的学习以及学习成果的重视。具体地说，在有关制度中可以对员工参加社外研修学习时的学习费用、学习时间等方面给予必要的支援。如有些企业根据员工申请研修学习内容与企业需求之间的相关关系，确定企业对学习费用的支援额度，就是一种很好的办法。同时在学习时间方面也给予充分的考虑，如只要工作不受影响的前提下允许以调休的形式来获取参加学习的时间等。

评价及奖励制度中还要科学地核定研修学习对员工业务能力以及工作质量提高的影响。特别是对那些（如以获取各类国家级任职资格为目的）会直接提升工作能力和工作质量的研修学习，企业要给予足够的重视并在工资待遇上给予必要的反映。

信息共享与透明经营

8
Chapter

一、企业透明经营与信息共享

随着经济全球化和企业国际化的进程，提高企业经营透明度是大势所趋。

经营的透明度主要指企业经营者对企业的相关方进行有关经营理念、经营方针及企业行为（*守法经营情况*）和经营状况的展示。企业的相关方是指社会、公众、客户、投资者、员工等。企业经营者要有勇气向他们公开相关的企业信息，这既是企业经营者对经营活动本身有信心的表现，也是与公众、客户、投资者和员工进行有效沟通的重要内容。

当然，强调企业经营透明度，并不意味着企业不能有任何秘密。有些重要的技术、市场战略和商品战略还是应该进行特别的管理。

对提高经营透明度，许多企业的经营者会有顾虑，担心这样做是否会对企业不利，给企业带来困难。事实上，顾虑是多余的，因为实事求是和诚实经营肯定能赢得公众、客户、投资者和员工的信赖和支持。

1. 到底需要收集哪些信息

信息是重要的经营管理资源之一。从前的教科书里讲到经营管理资源时，一般都是指人、财、物等方面。但当今的世界，人们已经认识到信息也是一项重要的经营资源，有时甚至是最重要的资源。不重视信息的作用，不了解对手或行业的发展动向及客户的要求走势，企业终将落在队伍的后面，在激烈的市场竞争中被淘汰。

可以说，改善经营质量的全过程都包含着信息的作用。在制订客户满意度改善、质量改善、过程和程序改善及经营改善计划时，需要收集各种必要的信息。

信息既包括企业内部的，又包括企业外部的。企业内部主要包括有关企业经营方针、经营战略、经营目标方面的信息，有经营状况、质量状况及面临的困难等方面的信息，还有企业内部新产品开发方面的信息等。企业外部主要包括有关行业动向、客户要求和市场走势方面的信息，有对手的发展及其他商品方面的信息等。这些信息归纳起来有以下这样一些内容。

① 有关企业经营方针方面的信息。

② 有关员工及人才方面的信息。

③ 有关市场和客户方面的信息。

④ 有关过程管理方面的信息。

⑤ 有关企业及合作伙伴生产能力方面的信息。

⑥ 有关财务方面的信息。

⑦ 有关社会责任方面的信息。

在激烈的市场竞争中，要生存和发展就必须及时了解、加工和充分利用企业内部和外部的各种有用的信息，做到知己知彼。

2. 如何充分利用和共享信息

收集信息的目的就是充分利用这些信息。信息的共享是充分利用这些信息的重要环节，它主要包括以下三方面的内容。

（1）企业内部信息的共享。

经营者的意志、理想及企业经营状况等信息的共享可以促进员工对企业经营方针的有效认同，企业可以在全体员工中培养统一的价值观。这些信息的共享还可以使员工能够在同一基点上思考企业发展中存在的问题和企业的前途，是培养员工主动性和责任感的有效方法之一。

（2）员工拥有的知识、经验和智慧的共享。

每一位员工都有自己独到的知识、经验和智慧。在面对业务难题和服务客户的过程中，充分借鉴其他员工的知识、经验和智慧可以收到事半功倍的效果。因此，企业有必要为员工搭建一个能相互交流、相互学习的信息平台（**网络的形式，或者各类交流会、发表会的形式等**），让员工能共享各自的知识、经验和智慧，这样做既有利于员工自身的成长，也有利于业务改善和客户满意度的提高。

（3）企业外部信息的共享。

将有关部门收集到的市场和客户的需求和客户的投诉信息即时地传递给企业的经营层及各个部门也是信息共享的重要内容。

各个部门能在第一时间了解客户的需要并把其反映到产品和服务的开发、设计、生产和提供的全过程。

总之，内部信息的共享可以增进组织的一体感，促进员工对经营方针的认同和对企业活动的参与，外部信息的共享可以让员工及时了解外部的变化，认识自身的不足，培养危机意识和改善意识，激发员工不断提出新方法，积极参与各类改善活动。

3. 信息的精度和鲜度保持

信息是制订计划、实施决策和采取措施的重要依据。

信息的精度和可信度的好坏将直接影响到计划、判断的精度和优劣。

一方面，经常性地对收集到的各类信息进行可信度确认是很有必要的。

另一方面，还要及时进行信息的更新改版，努力保持各类信息的鲜度。信息有相对静态和相对动态两大类。特别是对那些相对动态的信息要定期实施对旧信息的废弃和新信息的更新，否则庞大的旧信息不仅没有利用价值、占用很大的信息存储空间，还会引起错误的判断和决策。

4. 员工信息感知力的培养

信息化社会，人们每天都要面对无数的信息。

对信息的敏感和对信息有效性的正确判断是充分运用信息的前提条件，也是员工有信息感知力和问题意识的具体表现。

如果员工有这种好的信息感知力和问题意识，他便能在无数的信息中吸取和运用那些有用的信息。比如电视上或报纸上报道某企业在服务客户时有某种新举措，他便会首先联想到如何将这种方法运用在自己的工作中。又比如，在参观其他企业时，他会很善于发现一些优秀的做法并从中得到启发，加以借鉴和利用。相反，如果没有这种好的信息感知力和问题意识，再好的信息都将会视而不见，不能为他所用。有一位很有眼光的经营者经常安排一些骨干员工到其他企业参观学习，他要求员工一定要找出三个值得借鉴学习的地方。事实上，这是培养员工信息感知力的一个很好的办法。

　　因此，培养员工的信息感知力就是培养员工的问题意识和观察能力。通过企业内、外部信息的共享，将企业经营者和经营层的思想及企业面临的困难等即时地与员工沟通也是培养员工问题意识和信息感知力的有效办法之一。因为只有这样，员工才会经常思考企业的问题，才会主动地寻找新方法。

Chapter 8 信息共享与透明经营

下篇 造物系统

二、推动内部或外部标杆学习

1. 为什么要展开标杆学习活动

标杆学习活动是运用信息的一个新动向、新方法。标杆学习活动就是从世界范围内（**不仅仅指竞争对手那里**）寻找最优秀的经营成果和经营手法，并加以移植、吸收并进行改善的过程。由于寻找新基点活动可以帮助企业经营者快速地改善企业经营质量，它作为有效的经营手法之一已越来越受到人们的重视。它是经营者解决经营课题、改善经营质量活动中重要的信息战略之一。

有一位很成功的企业家有这样一句名言：了解各行各业最成功的经营成果和经营手法，并以最快的速度引进和移植是企业经营者和经营干部（**包括部门负责人**）的重要职责。

标杆学习的对象可以是竞争对手、其他行业中的优秀企业、企业内部的超一流经营手法或最优秀的实践事例，这些超一流经营手法、最优秀的实践事例是在实践中得到验证的好方法。把这些最优秀的方法作为重要的战略信息加以利用，以便在超一流的基础上改善提高，最终达到改善自身综合经营质量的目的。

标杆学习活动有两方面的内容，一个是寻找结果的标杆，另

221

一个是寻找过程管理的标杆。结果的标杆可以成为企业们追赶或超越的目标。根据企业自身的需要，在实现对追赶目标的超越之后，不断寻找下一个追赶的目标，这样做不仅可以给企业持续追赶的动力，而且可以防止员工自满情绪的滋生。

而过程、程序管理方面的标杆则可以直接进行借鉴和学习。在学习借鉴过程、程序管理方面，特别需要企业立即采取行动，引进、移植、消化新方法，并在此基础上进行创新，把它变成自己的优势。

反过来说，衡量本企业是否是一流企业就要看有多少成果、指标和过程、程序管理方法是否是世界冠军水平或行业冠军水平，是否是其他企业仿效和学习的榜样。据有关资料介绍，美国的汽车巨人通用和福特就是通过有效的标杆学习活动恢复了活力。

2. 寻找新标杆的方法

俗话说，三人行必有我师。

标杆学习活动并不需要花费多么大量的时间和金钱。只要有意识地去观察、去发现，周围也许就有很成功的实践事例和很优秀的过程、程序管理方法、工作方法。

企业到同行或不同行的标杆企业参观考察，虚心学习借鉴那些优于本企业的结果和方法，并结合本企业的实际，迅速地实践这些结果和方法，必将为企业带来很有益的效果。

如果是大型企业，企业内的部门之间也可以开展标杆学习活动。不同事业部、不同国家的分公司之间也有许多值得相互学习和相互借鉴的成功事例，通过交流可以很快地收到共同提高的效果。因此，要在企业内开展各种交流会或发表会，为标杆学习活动提供机会。

积极参加同行业或不同行业的交流会、各种讲演会，关注各种媒体的各类信息等都是寻找新基准的有效办法。

标杆学习活动还是一个循序渐进、螺旋上升的改善过程。只要你持续努力不断改善，你所追求的标杆也会因为自身水平的提高而提高，而且这个过程永无止境。

总之，经营环境急剧变化的今天，面对客户不断变化的需求，光靠企业自身和企业家个人的智慧是远远不够的。不断研究和学习竞争对手、其他企业的成功经验，参考借鉴相同和不同行业的优秀方法是企业家应该持有的谦虚态度，也是赶超世界先进水平的有效途径之一。

标杆学习活动也要求将优秀的事例等在员工中进行共享。

3. 向最成功的企业学习

各行各业都有一些处于领导地位或领先地位的企业。一方面，这些企业往往会成为其他企业争相模仿和学习的对象。另一方面，这些企业本身很容易产生错觉，在经营者和员工中产生自满情绪，最终可能被后进的企业或对手超越。一些全球性的大企业最后落得经营困难，企业难以为继，有的破产，有的被兼并。这样的事例从反面印证了这样一个道理：再优秀的企业都要有积极研究和学习其他企业的良好心态和不断完善、提高自我的积极行动。

向那些最成功、最优秀的企业学习的过程中，模仿是很重要的环节，但是模仿并不是照搬。我们提倡的是，通过将其他优秀的方法和结果与自己的方法和结果进行比较，找出自身的不足，并在模仿和借鉴的基础上实现改善、创新或变革。只有改善、创新或变革才能实现企业所期待的超越。

比如，美国西南航空公司在客户满意、运营效率及盈利能力方面取得了巨大的成功，是美国唯一一家在最近几年持续赢利的航空公司。它的秘诀是在包括减少点检和加油时间、提高维修效率、加强员工培训、提高安全性及改善客户满意度方面，不断向世界上各行各业的顶尖水平学习的结果。反过来，他们的成功经验，在美国乃至世界也已经成为其他企业研究和学习的榜样。

为了便于企业间相互学习、相互借鉴、促进标杆学习活动展开，美国还设立了一家专业机构，即国际标杆信息中心。中心的数据库向美国的企业和其他社会机构开放，所有企业和机构都不用花费很大的精力和时间便可以学到想学的东西。由此可见，标杆学习活动在不断提高美国企业整体实力方面发挥着重要作用。

美国企业已经通过标杆学习活动获得了巨大的成功。日本企业正努力通过学习美国的做法改善其经营质量。那么中国企业的经营者更要正视经营管理方面的不足，虚心地向世界一流乃至超一流的企业学习，不断改善企业经营质量，强化企业竞争力。

4. 向最佳实践案例学习

业界有大量成功案例值得企业学习借鉴。只要企业始终抱着一颗谦卑、开放的心，再加上一双能够发现"管理美"的眼睛，就能看到大量成功实践案例。

3A"精益管理咨询"模式

一、3A 顾问管理咨询基本流程

前期沟通→经营诊断→商务谈判→项目签约→项目实施→项目总结→项目续约

二、3A 顾问项目咨询理论基础

刘承元博士及 3A 专家在汲取丰田、三星、京瓷等知名企业成功经验基础上，结合自身成功的实战经验，构建了适合中国企业的多套理论架构体系，并在 3A 顾问咨询实践中不断丰富着这些理论体系的内涵，越来越彰显其强大的生命力。

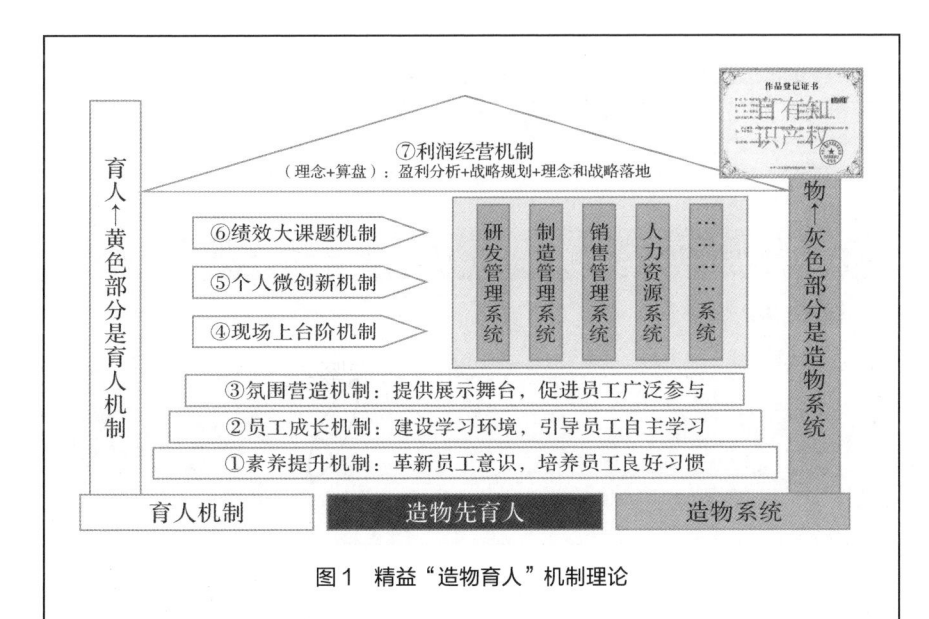

图 1 精益"造物育人"机制理论

精益造物育人机制理论就像一座结构稳定的房屋，房屋中的各个部分都有其独到的作用。底部的①②③是企业经营的三个基础；中间的④⑤⑥三条横梁是企业进行"绩效改善"的三个机制；屋顶的⑦是企业进行"绩效经营"的动力机制。

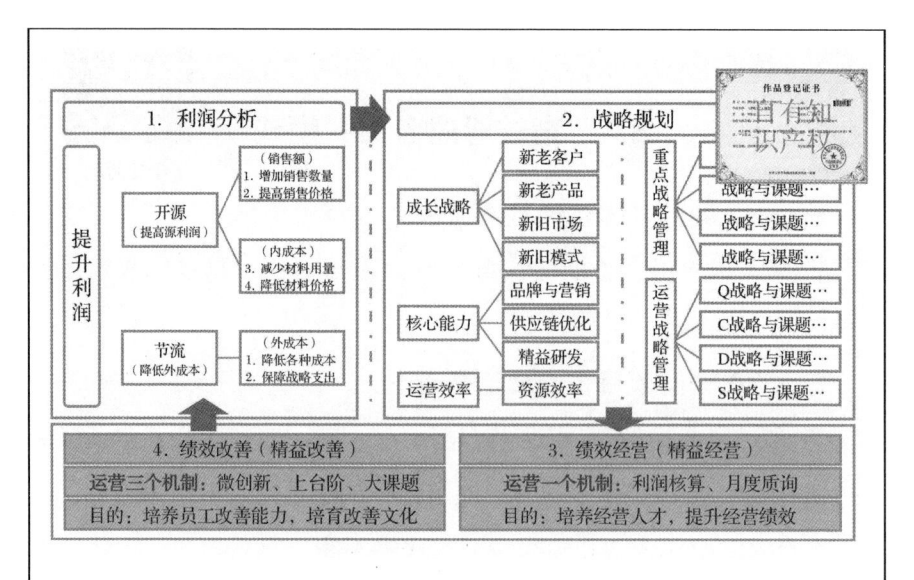

图 2　不得不懂的制造业"赚钱"的逻辑闭环

从逻辑思考和实现方式的角度，企业获取利润的流程都是一个闭环，具体包括盈利分析、战略规划、绩效经营和精益改善四个关键环节。

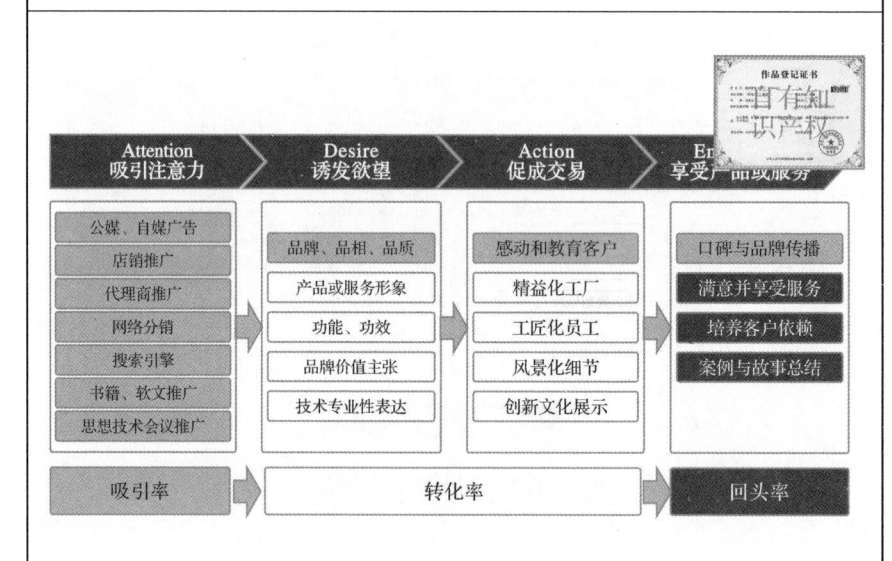

图 3　精益全员营销模式的思维框架

制造型企业应该开展基于精益管理的精益全员营销活动，主动把工厂现场、管理细节和一线员工的良好状态展现给客户，给客户信心，让客户感动，提高品牌议价能力，使销售工作不再难做，推动企业可持续发展。

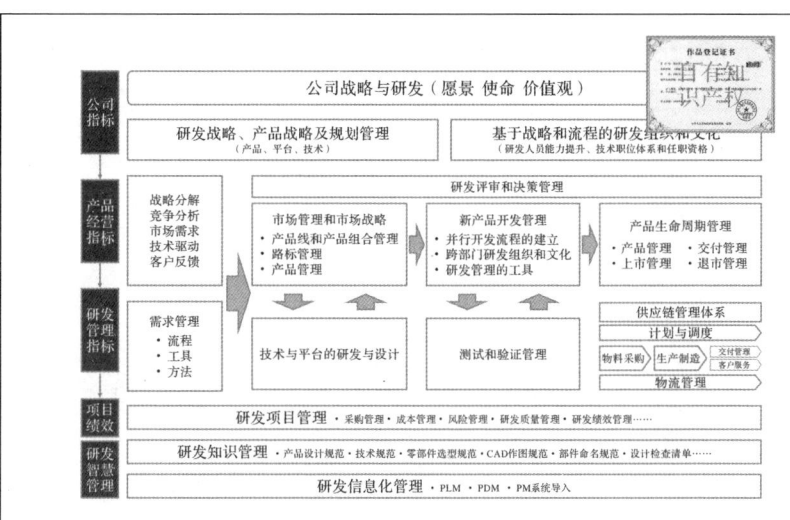

图4　精益化集成产品开发模型

研发任务包括以下几点：第一，基于客户需求规划产品。第二，通过产品开发流程管理，保证产品上市。第三，规划技术路线是运用技术平台减少物料种类。第四，通过生命周期管理解决产品更新换代等问题。第五，对研发经验及技术规范等进行知识管理。

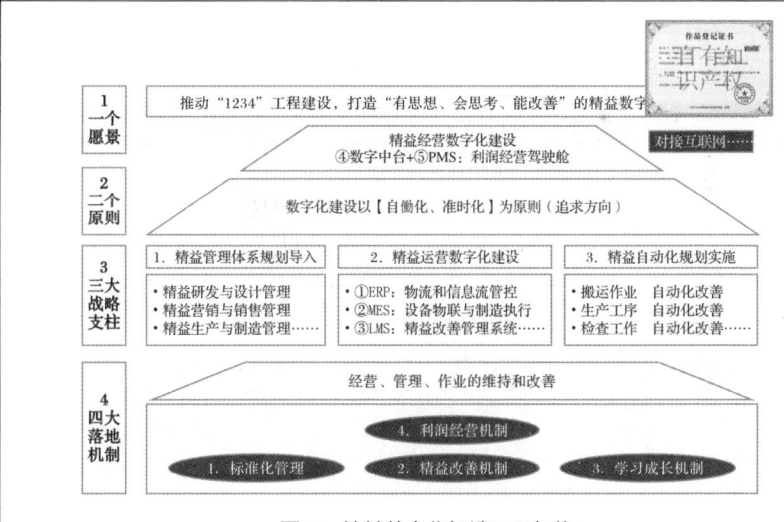

图5　精益数字化智造工厂架构

智能工厂结构化路径，明示了企业经营与自动化、精益化、信息化之间的关系。首先装上一个高效经营的数据大脑。其次是追求两个建设目标：一个是自働化，另一个是准时化。再次是构建三大战略支柱，即精益化、自动化和信息化。最后是运营四大落地机制。

3

三、3A 精益管理咨询主要内容

1. 3A 精益战略咨询项目

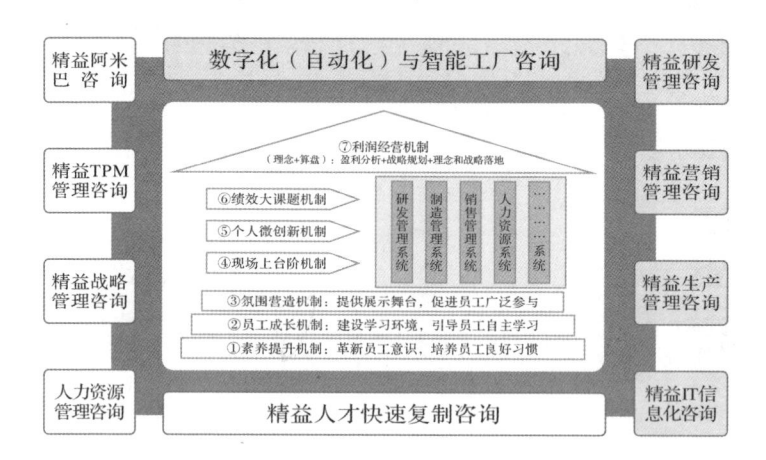

3A 顾问首创了手把手的咨询辅导模式，极大地提升了咨询项目合作过程中的客户价值。

2. 咨询项目效果评价维度

一般来说，客户领导倾向于用"企业硬实力提升"来评价咨询项目价值，尽管软实力之于企业具有更重要的意义。

重点评价方向		经营绩效成果	部门级经营成果
硬实力	1. 经营管理绩效提升	①利润额和利润率提升	• 分解到部门，并以 QCDSM 值来进行数据化管理
		②销售额与市场占比提升	
		③外部质量提升与交付投诉减少	
		④外部环境投诉件数减少	
		⑤单位资源产出率提升	
软实力	2. 员工意识能力提升	①工艺与技术能手培养	• 同样可以落实到部门，进行数据化衡量和管理
		②改善与革新能手培养	
	3. 企业革新文化建设	①发明创造与改善数量提升	
		②员工革新参与度提升	
	4. 机制标准系统建设	①革新改善机制建设和运营	
		②系统完善和作业标准化	

不同咨询项目辅导成果的指向不同，要根据项目特点进行针对性的定义、记录和评价。

3.3A 精益管理项目列表

咨询辅导项目	规划与辅导主体内容	关注焦点
1. 精益生产管理咨询	①价值流分析与改善规划； ②布局、物流与生产线改善； ③生产利润最大化改善辅导	·关键经营管理指标改良； ·机制、标准制度与系统建设； ·氛围营造与文化改良； ·员工参与与意识能力提升； ·现场、设备等管理状态变化
2. 精益TPM管理咨询	①设备自主保全规划辅导； ②专业与预防保全规划辅导； ③常态化管理与绩效提升	
3. 精益阿米巴管理咨询	①盈利分析与商业模式规划； ②发展与运营战略规划辅导； ③阿米巴核算与运营辅导	
4. 精益战略管理咨询	①成长战略梳理； ②运营战略管理； ③核心能力的构建与培育	
5. 人力资源管理咨询	①规范组织管理； ②构建动力—压力—活力系统； ③导入绩效与薪酬体系	
6. 精益研发管理咨询	①竞争性产品战略规划； ②研发流程精益化； ③创新技术平台升级	·关键KPI指标持续向好； ·机制、制度标准和系统建设； ·组织效率与个人能力提升
7. 精益营销管理咨询	①营销与成长战略规划； ②营销与销售流程改良辅导； ③销售利润最大化改善辅导	
8. 精益供应链管理咨询	①供应链能力评估与规划； ②降本采购机制建设辅导； ③采购利润最大化改善辅导	
9. 精益品质管理咨询	①源流品质改善策略规划； ②自働化与防呆化改善辅导； ③质量成本最小化改善辅导	
10. 精益成本管理咨询	①固定成本与隐性成本分析； ②成本管理责任机制建设； ③成本改善课题规划辅导	
11. 数字化（自动化）与智能工厂咨询	①精益自动化规划实施； ②数字化综合咨询； ③数字化培训与道场	·制作详细的综合解决方案； ·负责辅导将方案落地为现实
12. 精益IT信息化咨询	①信息孤岛化现状调查； ②信息一元化管理架构规划； ③高效IT软硬件配置导入	
13. 精益人才快速复制咨询	①要素作业和要素管理定义； ②教育与训练道具课件建设； ③教育训练计划与实施辅导	

5